Jörg Becker

Wissensbasierte Strategieplanung mit Arbeitsprogramm

Der Autor

Jörg Becker hat Führungspositionen in der amerikanischen IT-Wirtschaft, bei internationalen Consultingfirmen und im Marketingmanagement bekleidet und ist Inhaber eines Denkstudio für strategisches Wissensmanagement zur Analyse mittelstandorientierter Businessoptionen auf Basis von Personal- und Standortbilanzen. Die Publikationen reichen von unabhängigen Analysen bis zu umfangreichen thematischen Dossiers, die aus hochwertigen und verlässlichen Quellen zusammengestellt und fachübergreifend analysiert werden. Zwar handelt es sich bei diesen Betrachtungen (auch als Storytelling) vor allem von Intellektuellem (immateriellen) Kapital nicht unbedingt um etwas Neues. Doch um neue Wege zu gehen, reicht es manchmal aus, verschiedene Sachverhalte, die sich bewährt haben, miteinander neu zu kombinieren und fachübergreifend zu durchdenken. Zahlen ja, im Vordergrund stehen aber „weiche" Faktoren: es wird versucht, Einflussfaktoren nicht nur als absolute Zahlengrößen, sondern vor allem in ihrer Relation zueinander und somit in ihren dynamischen Wirkungsbeziehungen zu sehen. Auch scheinbar Nebensächliches wird aufmerksam beobachtet. In der unendlichen Titel- und Textfülle im Internet scheint es kaum noch ein Problem oder Thema zu geben, das nicht bereits ausführlich abgehandelt und oft beschrieben wurde. Viele neu hinzugefügte und generierte Texte sind deshalb zwangsläufig nur noch formale Abwandlungen und Variationen. Das Neue und Innovative wird trotzdem nicht untergehen. Die Kreativität beim Schreiben drückt sich dadurch aus, vorhandenes Material in vielen kleinen Einzelteilen neu zu werten, neu zusammen zu setzen, auf individuelle Weise zu kombinieren und in einen neuen Kontext zu stellen. Ähnlich einem Bild, das zwar auf gleichen Farben beruhend trotzdem immer wieder in ganz neuer Weise und Sicht geschaffen wird. Texte werden also nicht nur immer wiederholt sequentiell gelesen, sondern entstehen in neuen Prozess- und Wertschöpfungsketten. Das Neue folgt aus dem Prozess des Entstehens, der seinerseits neues Denken anstößt.

Das Publikationskonzept für eine selbst entwickelte Tool-Box: Storytelling, d.h. Sach- und Fachthemen möglichst in erzählerischer Weise und auf (Tages-) Aktualität bezugnehmend aufbereiten. Mit akademischer Abkapselung haben viele Ökonomen es bisher versäumt, im Wettbewerb um die besseren Geschichten mitzubieten. Die in den Publikationen von Jörg Becker unter immer wieder anderen und neuen Blickwinkeln dargestellten Konzepte beruhen auf zwei Grundpfeilern: 1. personenbezogener Kompetenzanalyse und 2. raumbezogener Standortanalyse. Als verbindende Elemente dieser beiden Grundpfeiler werden a) Wissensmanagement des Intellektuellen Kapitals und b) bilanzgestützte Decision Support Tools analysiert. Fiktive Realitäten können dabei manchmal leichter zu handfesten Realitäten führen. Dies alles unter einem gemeinsamen Überbau: nämlich dem von ganzheitlich durchgängig abstimmfähig, dynamisch vernetzt, potential- und strategieorientiert entwickelten Lösungswegen.

Management Overview

Ein umfassendes Wissensmanagement trägt (beispielsweise mit Instrumenten einer Wissensbilanz) dazu bei, die Wirkungen des Intellektuellen Kapitals als Hebelkraft zu nutzen. Was für schöne Zeiten: lang, lang ist's her: als Berater ihre Auftraggeber noch mit Präsentationsfolien und Kalkulationsblättern beeindrucken konnten. Mit dem Decision Support einer Wissensbilanz können an sich bekannte Prozesse aber unter völlig neuen Gesichtspunkten durchleuchtet werden: Zusammenhänge zwischen Zielen und Erfolgsfaktoren einerseits sowie den Komponenten des intellektuellen Kapitals andererseits werden sichtbar gemacht. Dynamik, Stärke und Dauer von Zusammenhängen werden mit Hilfe von Indikatoren mess- und nachvollziehbar gemacht. Angesichts dieser Komplexität und Vielfalt der in Wissens-, Standort- und Personalbilanzen einfließenden Eingangsdaten liefern diese überraschend klar strukturierte Aussagen mit Hinweisen auf geeignete Maßnahmenoptionen. Der Stellenwert der wichtigen Erfolgsfaktoren wird deutlich und damit die notwendige Voraussetzung für eine Priorisierung von erforderlichen Aktivitäten geschaffen. Die Grenzen zwischen Arbeits- und Freizeit verschwimmen immer mehr, die Wissensarbeiter wollen "Freizeit on demand". Die Arbeit von Kreativen und Wissensarbeitern ist durch wenig strukturierte Prozesse und manchmal unsichere Resultate gekennzeichnet und passt somit nicht mehr in die herkömmlichen Arbeitszeitmodelle. Die Individualisierung hält damit auch in die Arbeitswelt Einzug: der Anteil der Selbständigen wird stark zunehmen, Nichtselbständige werden zu einem großen Teil Werkverträge oder befristete Arbeitsverträge haben. Die guten Leute werden sich als "Selbst-Unternehmer" nicht mehr auf Dauer an Unternehmen binden/verkaufen, sondern in wechselnden Netzwerken arbeiten. Ohne qualifiziertes Wissen, d.h. einen stetig ablaufenden Umwandlungsprozess der Daten zu Informationen und diese wiederum zu Wissen wäre auch eine noch so professionell entwickelte Wissensbilanz kaum mehr als ein Fluss ohne Wasser. Je qualifizierter und nachhaltiger eine Wissensbilanz mit ihrem Zukunfts-Rohstoff „Wissen" versorgt werden kann, desto größer kann der mit ihr erzielbare Wirkungsgrad sein. Data Mining ist dabei nur einer unter außerdem noch mehreren anderen Zubringern. Die Praxis lehrt: alleine schon das Vermeiden großer Fehler und Dummheiten über eine längere Zeit hinweg kann schon einen wesentlichen Beitrag zum Geschäftserfolg leisten. Einfachheit ist eine weitere wichtige Lehre: man kann nicht Meister in allen oder zu vielen Disziplinen sein. Daraus folgt: Man sollte hinsichtlich seiner organisatorischen Strukturen und Prozesse möglichst schlank aufgestellt sein. Dabei sollten vor allem bewährte Prinzipien und der sogenannte gesunde Verstand nicht vergessen werden: man sollte deshalb nicht den angeblich neuesten Managementmethoden des jeweiligen Tages folgen. Wissen manifestiert sich sowohl in internen Kommunikationsnetzwerken, dem „Unternehmensgedächtnis", als auch im Verbund mit externen Kooperationspartnern. Ein umfassendes Wissensmanagement ist somit entscheidend für zukünftige Markterfolge. Die kleinste Einheit des Wissensmanagements ist demnach das Individuum als Träger von Fähigkeiten und Besitzer von Erfahrungen. Häufig ist der Organisation nur ein Teil dieser Fähigkeiten (z.B. Ausbildung, Sprachkenntnisse) bekannt. Diese bekannten Daten bilden aber nur einen Teil der Mitarbeiterfähigkeiten ab: wer die Fähigkeiten der Mitarbeiter nicht kennt, verpasst die Gelegenheit, sie zu nutzen! (mangelnder Zugriff auf internes Expertenwissen). Eine Wissensbilanz schlägt eine Brücke zwischen rein finanzwirtschaftlicher Analyse und langfristigen Strategien. Unter der Prozessorientierung einer Wissensbilanz, ist die Perspektive der Mitarbeiterorientierung (beispielsweise Potenziale, Motivation und Lernfähigkeit der Mitarbeiter) am stärksten zukunftsorientiert. In Verbindung mit einer Wissensbilanz können mit dem Strategie-Check Freiräume für neue, kreative Lösungswege gefunden werden. Der Strategie-Check bestimmt den „kritischen Weg", denn wenn man nicht weiß, wohin man geht, landet man sehr leicht anderswo! Immer wieder sind Entscheidungen zu treffen, in die neben Zahlen, Daten und Fakten auch viele qualitative, nicht ohne weiteres quantifizierbare Elemente einfließen. Ein nachhaltig tragfähiger Ausweg wäre keineswegs, das Pendel in die andere Richtung ausschlage zu lassen: nämlich auf reine Bauchentscheidungen zu setzen oder gänzlich auf entscheidungsunterstützende Kennzahlen- Werkzeuge zu verzichten. Das Konzept der Wissensbilanz vermag eine Brücke zwischen Key-Performance-Indicator und zunächst nicht sofort quantitätsfähigen Intangibles zu schlagen. Eine solche Kombination aus zwei sich gegenseitig bestens ergänzenden Konzepten kann dazu beitragen, besonders komplexe Entscheidungssituationen aufzulösen. In einer Welt der angeblich so harten Wirtschaftsfakten mit ihrer Scheingenauigkeit von Nachkommastellen richten sie ihr Augenmerk verstärkt auf sogenannte „weiche" Faktoren. In vielen Entscheidungssituationen sind es nämliche gerade solche, die nicht nur das Salz in der Suppe, sondern ganz wesentliche Entscheidungskriterien ausmachen. Entscheidungsprozesse durchlaufen verschiedene Entwicklungsstufen: von der Daten- über die Informations- bis hin zur höchsten Wissensstufe. Den Schwierigkeitsgrad einer Entscheidung erfasst man u.a. dadurch, indem man auf das Verhältnis von Daten, Informationen und Wissen schaut. Informationsbasierte Entscheidungen sind eher besser als solche, die ohne Informationen auskommen müssen. Wissensmanagement erfordert auf der Entscheidungsebene die Bewertung von zirkulierenden Informationen. Im Vergleich zu gut strukturierten Daten werden Wissen und Erfahrungen in der Regel nicht explizit dargestellt. Genau diese Informationen sind aber für den Entscheidungserfolg von Bedeutung. Schwach strukturierte Prozesse, deren Ablauf nicht genau vorhersehbar ist, werden meist nur einmal in der gleichen Form durchgeführt.. Während bei der Vermittlung von Wissen zunächst kognitiven Fähigkeiten im Vordergrund stehen, werden bei der praktischen Umsetzung dieses Wissens in Entscheidungen auch persönliche, soziale und kommunikative Kompetenz benötigt. Rationalere Entscheidungen bringen zumindest längerfristig gesehen mehr Vorteile. Was aber ist nun rational und was eben nicht? Können hierfür eindeutige Kriterien vermessen werden? Und wenn - welche wie? Allein die Bewertung des jeder Entscheidung direkt oder indirekt innewohnenden Risikos ist ein großes Problem: was dem einen noch als Haltung eines Sicherheitsfanatikers gelten mag, könnten andere bereits als Tun eines Hasardeurs betrachten (die Börse lässt grüßen). Wer rational entscheidet, steht in der Welt der Strategieprobleme jedenfalls auf der Gewinnerseite: wer in experimentellen Test konsistente = rationale Entscheidungen treffe, würde vermutlich auch im realen Leben die besseren Entscheidungen treffen, d.h. Erfolg würde sich mit der Summe richtiger Entscheidungen einstellen. Aber die Formel: Konsistente Entscheidungen = gute Entscheidungen = mehr Erfolg mag zwar Tendenz und Richtung bestimmen, muss aber nicht für jeden in jeder Situation gelten. Grundsätzlich lässt sich der Wissensbilanz-Ansatz auch dadurch kennzeichnen, dass er unterschiedliche Perspektiven nicht nur berücksichtigt, sondern sich auch mit diesen sehr konkret auseinandersetzt. Es soll ein Gleichgewicht zwischen finanziellen und nichtfinanziellen Ziel- und Steuerungsgrößen erreicht werden. Dahinter steht die Einsicht, dass die Erreichung finanzieller Ziele letztlich immer nur bei ganzheitlicher Sichtweise möglich ist. Die verschiedenen Perspektiven einer Wissensbilanz stehen nicht voneinander losgelöst mehr oder weniger lose nebeneinander, sondern sollen demgegenüber eine in sich geschlossene Geschäftslogik des Unternehmens abbilden: ebenso wie die Finanzziele zu den zentralen Erfolgsparametern des Unternehmens zählen, sind es erst die Kunden, die die Produkte des Unternehmens kaufen und damit für entsprechende Erlöse sorgen. Finanz- und Kundenziele ihrerseits hängen eng mit den Arbeitsweisen und Geschäftsabläufen im Unternehmen, d.h. den Prozesszielen zusammen. In der Logik dieses Gesamtsystems spielen auch die Potenziale des Unternehmens, d.h. seine Innovationskraft, Mitarbeiter u.a. als

Potenzialziele, eine entscheidende Rolle. Die Einteilung nach Perspektiven muss nicht starr erfolgen, sondern kann flexibel um weitere, für das Unternehmen und dessen Strategien wichtige Perspektiven, wie beispielsweise etwa die Lieferanten-Perspektive, Kreditgeber-Perspektive, Öffentliche Perspektive u.a. ergänzt und ausgebaut werden. Das Konzept einer Wissensbilanz heißt Strategien ganzheitlich planen, transparent kommunizieren und effizient umsetzen. Der Versuch, fehlendes Wissen, durch Berücksichtigung von immer mehr Informationen zu kompensieren, führt in eine Endlosschleife. Was nötig ist, sich Grenzen des Wissens einzugestehen und sich nicht mit immer mehr Informationen über dessen Fehlen hinwegzutäuschen. Es braucht Personen, die den Mut haben, ohne Rechthaberei zu ihrem fragilen Wissen zu stehen. Um die Ressource „Wissen" bewerten und rentabilitätssteigernd ausschöpfen zu können, muss zuvor das relevante Wissen lokalisiert werden. Ziel ganzheitlichen Denkens und Handelns muss sein: die Wertschöpfungskette so zu gestalten, dass keine Werte vernichtet werden, es gelingt, in mehreren Dimensionen erfolgreich zu sein, Aktivitäten sich gegenseitig unterstützen, spezifische Wertpositionen auch langfristige gesichert werden können, alternative Wertpositionen anhand verschiedener Szenarien analysiert werden können, die Wirkungszusammenhänge zwischen verschiedenen Kapitalien (Humankapital, Strukturkapital, Intellektuelles Kapital, Beziehungskapital, Finanzkapital) identifiziert und bewertet werden, die Wirkungszusammenhänge zwischen finanziellen und nichtfinanziellen Steuerungsgrößen identifiziert und bewertet werden. Im konkreten Einzelfall müssen unterschiedliche

Kennzahlen entwickelt werden, mit denen nicht nur kurzfristige sondern auch langfristige, nachhaltige Perspektiven erfasst werden können. D.h. innerhalb eines ganzheitlichen, strategiebezogenen Modells werden betriebswirtschaftliche und nichtfinanzielle Konzepte miteinander gekoppelt. Mit immer mehr von Big Data schwillt auch die Quantifizierung von Wahrscheinlichkeitskriterien und möglicher Berechnungen hieraus an. Die Frage lautet: können wir unsere Zukunft mit Hilfe einer Wahrscheinlichkeitsrechnung besser erkennen oder gar verstehen lernen? Sehr wahrscheinlich ist: was die Verlässlichkeit freihändiger Ahnungen und Schätzungen anbelangt, scheinen mathematische Verfahren der Wahrscheinlichkeitsrechnung eher im Vorteil und überlegen zu sein. Nüchternes Kalkül ist manchmal besser als Erfahrungswissen: umgekehrt kann auch eine kalt kalkulierte Wahrscheinlichkeitsrechnung in die Irre führen, wenn hierbei zugrunde gelegte empirische Parameter falsch gesetzt wurden. Philosophisch betrachtet könnte man Wahrscheinlichkeit auch als den Grad des Glaubens an die Wahrheit definieren: es gibt auch so etwas wie ein beobachtungsabhängige subjektive Wahrscheinlichkeit. Eines jedoch ist sicher und nicht nur wahrscheinlich: es gibt immer nur ein begrenztes Wissen über die Zukunft. Die Nützlichkeit von umfassenden Wissensbilanzen ist kaum umstritten. Viele besonders kleine und mittlere Unternehmen, die diesen Weg gerne gehen würden, haben zu wenig Informationen und genaue Hinweise darüber, wie dieser im Detail zu gestalten wäre und welche konkrete Nutzenrelation dem zu erwartenden Aufwand gegenüberstehen würde. Mehrere hundert Detail-Arbeitsschritte bieten eine Hilfestellung und

Möglichkeit, sich hierzu benötigte Anhaltspunkte mit einem möglichst umfassenden Eindruck und Einblick in abzuarbeitende Schritte zu verschaffen. Um ein Arbeitsprogramm sinnvoll zu implementieren, muss das Intellektuelle Kapital für jedes Unternehmen individuell und aus unterschiedlicher Blickrichtung eingeschätzt und bilanziert werden. Ein Modell ersetzt keine detaillierte Analyse der jeweiligen Unternehmensbereiche, sondern will Hinweise geben, die in einem (hoffentlich folgenden) Bilanzierungsprojekt als Anregung genutzt werden können. Auch sollte untersucht werden, wie sich die Wissensbilanz in das übrige Berichts- und Controllinginstrumentarium (z.B. Business- und Marketingpläne, Geschäftsbericht) einfügt. Dabei sind einzelne Komponenten der Wissensbilanz zunächst nichts grundlegend Neues. Die eigentlich neue Managementmethode auf der Basis von Wissensbilanzen entfaltet sich erst aus der Verknüpfung verschiedener Management- und Planungsperspektiven sowie aus der Fähigkeit zur Ingangsetzung und Förderung von strategischen Kommunikationsprozessen. Dies drückt sich aus: in der Darstellung des Unternehmens, wie hierbei die ganze Komplexität des Betriebsgeschehens erfasst und transparent auf die entscheidungsrelevanten Aspekte komprimiert wird, wie Visionen und die daraus abgeleiteten strategischen Ziele messbar gemacht werden, und wie diese strategischen Ziele kommuniziert und im Unternehmensalltag des Budgets verankert werden. Nur umgesetzte Strategien entfalten Wirkung: Probleme bei der Umsetzung von Strategien können nicht zuletzt auch dadurch entstehen, dass eine Strategie so unklar formuliert ist, dass die für die Umsetzung Verantwortlichen nicht immer genau wissen, was überhaupt umgesetzt werden soll. Damit eine Strategie die durch sie erwünschten und erhofften Veränderungen aber überhaupt auslösen kann, muss sie auch nachvollziehbar an diejenigen kommuniziert werden, die sie umsetzen müssen. Eine geeignete Kommunikationsplattform hierfür ist eine Wissensbilanz.

Themen-Leitfaden

Die Konzepte von Wissens-, Personal- und Standortbilanzen nutzen, um Strategien mit Messung der wichtigen Einflussfaktoren, Herausfiltern von Engpässen und Potentialen zu überprüfen

Nicht unsere „Boden"Schätze sondern unsere „Kopf"schätze werden über die Sicherung unseres Wohlstandes bestimmen

Qualität der Geschäftsplanung heißt: niemals das Ganze aus dem Blickfeld zu verlieren und jede Maßnahme über ihre gesamte Wirkungskette hinweg eng mit allen sie umgebenden Einflussfaktoren zu vernetzen und eng zu überwachen

Vorausschau und Prognose ohne Kennzahlen-Maschinisten - das Konzept der Wissensbilanz vermag eine Brücke zwischen Key-Performance-Indicator und zunächst nicht sofort quantitätsfähigen Intangibles zu schlagen

Perspektiven einer Wissensbilanz mit klaren und abstimmfähigen Strategien - Maßnahmen Checkliste

Richtige Dinge richtig tun, denn Erfolg ist ein Ergebnis richtiger Entscheidungen für die der Faktor "Information" eine Holschuld ist

Wissensmanagement ausschöpfen und Wirkungszusammenhänge identifizieren - strategische Planung muss in einer Wertposition festlegen, wie man langfristig Werte schaffen will

Der Bekanntheitsgrad von Wissensbilanzen hat sich in den letzten Jahren erhöht: detailliertes Arbeitsprogramm für die Umsetzung

Die Konzepte von Wissens-, Personal- und Standortbilanzen nutzen, um Strategien mit Messung der wichtigen Einflussfaktoren, Herausfiltern von Engpässen und Potentialen zu überprüfen

Möglichkeitsraum im Intellektuellen Kapital von Wissensbilanzen: Wissen ist das wertvollste Kapital. Rohmaterialien, Produktions-, Geschäfts- und Vermarktungsprozesse sind notfalls schnell verfügbar. Was im Gegensatz hierzu nicht schnell verfügbar gemacht werden kann, sind Wissen, Fähigkeiten, Qualifikationen, Erfahrungen, Motivation u.a. von Personen. Was geschieht mit Intellektuellem Kapital in der neuen Welt der Smart-Telefone, Wischfinger und ZAP-Blicke?: wer ist in dieser Welt wie und warum intelligent? Klar scheint: der vollständige Verzicht auf digitale Kommunikationsmittel ist für viele (alle?) unverzichtbar geworden: der Download der Zukunft geht unvermindert weiter. Datensammler saugen ab, was sie nur irgendwie in die Leitungen bekommen: Privatsphären schrumpfen, verschwinden vielleicht ganz. Jeder Datenschnipsel, und sei er noch so klein, wird aufgesogen: auch wenn Bedeutung oder Wert noch gar nicht abzuschätzen sind. Wer ist mit seinem Smart-Telefon aber schon smart genug, um aus dieser Nummer wieder raus zu kommen?

Es braucht nach wie vor Intellektuelles Kapital, um erkennen zu können, was sich im Möglichkeitsraum bereits in Datenform abgelagert hat: denn Daten sind noch keine Informationen: und auch diese sind zunächst erst nur Samenkapseln, aus denen Wissen gewonnen und wachsen kann. Ein umfassendes Wissensmanagement trägt (beispielsweise mit Instrumenten einer Wissensbilanz) dazu bei, die Wirkungen des Intellektuellen Kapitals als Hebelkraft zu nutzen. Was für schöne Zeiten: lang, lang ist's her: als Berater ihre Auftraggeber noch mit Präsentationsfolien und Kalkulationsblättern beeindrucken konnten. Wie stolz waren in den 70er Jahren Berater auf ihre mit Powerpoint und Excel demonstrierten Fähigkeiten. Solche klassischen Geschäftsmodelle stoßen an ihre Grenzen. Umdenken tut not: auch Berater unterliegen Gesetzen des Change Management. Manche, auch internationale, Berater verkünden daher das Beschreiten neuer Wege. So wollen einige ihren üblichen Beraterhabitus ändern: indem sie beispielsweise auch selbst neue Geschäftsideen entwickeln und vermarkten.

Begleitet werden könnte das Ganze von manchmal noch belächelten Wissensbilanzen sowie hieraus weiterentwickelten Standortbilanzen und Personalbilanzen. Mit dem Decision Support einer Wissensbilanz können an sich bekannte Prozesse unter völlig neuen Gesichtspunkten durchleuchtet werden: Zusammenhänge zwischen Zielen und Erfolgsfaktoren einerseits sowie den Komponenten des intellektuellen Kapitals andererseits werden sichtbar gemacht. Dynamik, Stärke und Dauer von Zusammenhängen werden mit Hilfe von Indikatoren mess- und nachvollziehbar gemacht. Angesichts dieser Komplexität und Vielfalt der in Wissens-, Standort- und Personalbilanzen einfließenden Eingangsdaten liefern diese überraschend klare und strukturierte Aussagen mit Hinweisen auf geeignete Maßnahmenoptionen. Der Stellenwert der wichtigen Erfolgsfaktoren wird deutlich und damit die notwendige Voraussetzung für eine Priorisierung von erforderlichen Aktivitäten geschaffen.

Schnelligkeit ist meist gleichbedeutend mit Erfolg, d.h. man muss sein Geschäftsmodell schneller als Konkurrenten durch die Wertekette hindurch bewegen: es genügt nicht, nur besser zu sein. Grundrichtungen und Konzepte müssen mit dem festen Willen zur positiven Veränderung (nicht nur zur Verbesserung!) gezielt verfolgt und mit gestalterischem Denken genutzt werden. Wenn bei der Nutzung von Wissen gegenüber der Konkurrenz zu viel an Zeit verloren geht, kann es vielleicht schon zu spät sein und brachliegende Wissensressourcen werden nicht in entsprechende Wettbewerbsvorteile umgesetzt. Es geht um: festen Wille zur positiven Veränderung, Trends im Strudel des Wandels, zielgenauen Einsatz von Wissensressourcen, wer die Hebelkraft des Intellektuellen Kapitals nicht kennt verpasst leicht Gelegenheiten, Planungsqualität der Geschäfte, Vorausschau und Prognose, Blickrichtung auf Erfolgversprechendes, Checklisten für Maßnahmen, Festlegung geeigneter Bezugspunkte, Profile, Netze und Potenziale.

Fester Wille zur positiven Veränderung: der Schlüsselfaktor für die Zukunft ist ein proaktives Change Management, d.h. die Bereitschaft zur Veränderung von Spielregeln. Dazu kommt die Qualität der Umsetzung durch eine gezielte Entwicklung der inneren Schlagkraft von Unternehmen in Menschen bzw. deren Fähigkeiten und abgeleitet daraus in Strukturen, Systeme und Prozesse. Es genügt eben nicht, nur besser zu sein. Vielmehr müssen die Grundrichtungen und Konzepte mit dem festen Willen zur positiven Veränderung (nicht nur zur Verbesserung!) gezielt verfolgt und mit gestalterischem Denken genutzt werden. Die Ziele des Change Management sind: Verankerung der schnellen Leistungsbereitschaft, Suche nach zeitorientierten Instrumenten für die Planungsunterstützung, organisatorische Planung hin zu beweglichen und am Markt direkt messbaren Leistungseinheiten, Vereinfachung der Planungs- und Konsensprozesse auf der Entscheidungsebene, Reduktion der Durchlaufzeiten für Leistungsprozesse, Verkürzung der Zyklen für Produkt- und Verfahrensinnovationen, Flexibilisierung der Produktion und Konzentration auf Leistungsschwerpunkte.

Die allgemeine Medienentwicklung ist gekennzeichnet durch weltweite Vernetzung über Massenmedien, Image und Kommunikation als Erfolgsfaktoren, zunehmende Veränderungsgeschwindigkeit, Potentialausschöpfung über schnelle Kommunikation, Schlüsselrolle der Medien für Unternehmensperspektiven. Aus dieser Entwicklung folgt *Zukunftsorientierung*: der rein vergangenheitsorientierte Umgang mit Steuerungsinformationen bietet keine ausreichende Basis für die Zukunftssicherung. *Komplexitätsreduktion*: erfordert aktive Unterstützung durch Analyseprozesse. *Szenarien*: die Fähigkeit, alternative Szenarien interaktiv zu modellieren, ermöglicht die Simulation von optionalen Zukunftsstrategien. *Soft Facts*: Neben Kennzahlen ist auch die Integration von „weichen" Informationen notwendig.

Trends im Strudel des Wandels: Trendforscher haben Thesen erarbeitet, die auch Arbeitsgebiete für Personal- und Wissensbilanzen tangieren könnten wie beispielsweise: sich wiederholende Tätigkeiten werden entweder vollständig von Computersystemen übernommen oder in Niedriglohnländer verlagert. Computer und Internet werden die Arbeitswelt noch weiter verändern: über kurz oder lang werden alle sich wiederholenden Tätigkeiten an Maschinen delegiert oder ins Ausland verlagert. In Hochlohnländern verbleiben nur noch außerhalb von Routine liegende Tätigkeiten (Produktlabel: Designed in Germany, made in China). Damit wächst der Bedarf an kreativen Wissensarbeitern erheblich. Denn gerade solche kreativen Wissensarbeiter verachten Routine und sind deshalb auch nicht ersetzbar. Der Dienstleistungssektor (Anwälte, Wirtschaftsprüfer, Steuerberater) wird die wegfallenden Routine-Jobs jedoch nicht auffangen oder ausgleichen. Im Gegenteil: hier greift die zukünftige Automatisierung manchmal noch stärker als in der Industrie. Die Kernbelegschaften der Unternehmen schrumpfen, die flexiblen Randbelegschaften gewinnen an Bedeutung. Unternehmen arbeiten beispielsweise in der Zukunft verstärkt auf Projektbasis: jeweils für ein Projekt stellt ein Projektleiter der Kernbelegschaft Teams (zum Teil von außen) zusammen, die über das Internet zusammenarbeiten.

Die Projektarbeit nimmt zu, die Unternehmen wollen "Arbeitszeit on demand": ein Projektleiter handelt die Verteilung der Aufgaben und die Einkünfte zu Beginn des Projektes mit den Beteiligten aus. Damit wird die pauschale Entlohnung von Arbeitszeit zum Auslaufmodell, d.h. ein über Stundenzahlen geregeltes Arbeitspensum ist für Wissensarbeiter überholt. Die Grenzen zwischen Arbeits- und Freizeit verschwimmen immer mehr, die Wissensarbeiter wollen "Freizeit on demand". Die Arbeit von Kreativen und Wissensarbeitern ist durch wenig strukturierte Prozesse und manchmal unsichere Resultate gekennzeichnet und passt somit nicht mehr in die herkömmlichen Arbeitszeitmodelle. Die Individualisierung hält damit auch in die Arbeitswelt Einzug: der Anteil der Selbständigen wird stark zunehmen, Nichtselbständige werden zu einem großen Teil Werkverträge oder befristete Arbeitsverträge haben. Die guten Leute werden sich als "Selbst-Unternehmer" nicht mehr auf Dauer an Unternehmen binden/verkaufen, sondern in wechselnden Netzwerken arbeiten. Die Kinder von heute werden in ihrem Leben verschiedene Berufe ausüben und zwischen verschiedenen Erwerbsformen wechseln.

"Crowdsourcing" statt Outsourcing: die Unternehmen verlagern Teile ihrer Wertschöpfungskette nicht mehr nur an Lieferanten, sondern an die Konsumenten. Schon heute wickeln Kunden Bestellvorgänge komplett selbst über das Internet ab, IKEA übergibt Teile der Produktion (den Zusammenbau) an seine Kunden. D.h. der Kunde muss für ein Produkt seine Freizeit einsetzen und erhält dafür einen Rabatt.

Management of Change ist für die überschaubare Zukunft ein Mega-Erfolgsfaktor: nur wer sein Management of Change perfektioniert wird in seinem Markt immer auf nachhaltigen Erfolg setzen dürfen. Das immer noch beliebte "Business as usual" wird nicht mehr überlebensfähig sein. Eine Vielzahl von Märkten tendiert zu immer ähnlicheren, in Qualität und Preis einander verwandten Produkten. Für ein Unternehmen bedeutet dies, dass Differenzierung immer schwieriger, gleichzeitig aber immer notwendiger wird. Insbesondere hat dies Konsequenzen im Hinblick auf die Wissensbilanzierung: den sogenannten harten, sachlich-rationalen Fakten wird immer mehr der Boden entzogen. Immer stärker in den Vordergrund rückt eine auch emotionale Sichtweise (Faszination, Begeisterung) der sogenannten weichen, bisher zu wenig beachteten Faktoren. Wichtiger als das Wissen um die Eigenschaften des Produktes wird folglich das Studium der entscheidenden Kundenwerte.

Nicht unsere „Boden"Schätze sondern unsere „Kopf"schätze werden über die Sicherung unseres Wohlstandes bestimmen

Wissen bestimmt in zunehmendem Maß den Wert unserer Produkte am Markt und hierüber den Handlungsspielraum unserer Wirtschaft für die Zukunft. Wissen macht sicher, Wissen ist Macht, Wissen zu Geld machen, Wissen ist Zukunft und was sonst noch alles, was man immer wieder zu hören bekommt. Warum ist dies alles so wahr, aber unsere Wirklichkeit so völlig anders? Das Nahziel ist erreicht, wenn kleine, mittlere und insbesondere wissensintensive Unternehmen sich im eigenen Bereich darauf besinnen, welches Wissen sie insbesondere zur Einschätzung von Risiken und Vermeidung von Krisen benötigen und wie sie dieses Wissen mit hohem Sicherheitsstandard aus verfügbaren Daten und Informationen überleiten und herstellen können. Das Augenmerk richtet sich auf Unterschiede und Problemübergänge zwischen Informationen und Wissen oder vielleicht auch auf die Verknüpfungspunkte zwischen Data Mining und Wissensbilanz.

Orientierungsrahmen für die Verknüpfung zwischen Data Mining und Wissensbilanz: die unverstandenen Finanzkrisen, Information ist nicht gleich Wissen, Rückbesinnung auf die Wissensbilanz, für Wissensfaktoren angenommene Bewertungen, Wissensbilanz-Ampeldiagramme, Informationssysteme im Wissensbilanz-Portfolio, nach verborgenen Informationsadern schürfen, Methoden und Verfahren, Data Mining vergrößert

Analyse-Aktionsradius, Informationen im Daten-Warenhaus lagern, Symbiose zwischen internen und externen Daten, Daten bereinigen und filtern, Data Mining im Potential-Portfolio der Wissensbilanz, Verknüpfung Data Mining und Wissensbilanz. Ohne qualifiziertes Wissen, d.h. einen stetig ablaufenden Umwandlungsprozess der Daten zu Informationen und diese wiederum zu Wissen wäre auch eine noch so professionell entwickelte Wissensbilanz kaum mehr als ein Fluss ohne Wasser. Je qualifizierter und nachhaltiger eine Wissensbilanz mit ihrem Zukunfts-Rohstoff „Wissen" versorgt werden kann, desto größer kann der mit ihr erzielbare Wirkungsgrad sein. Data Mining ist dabei nur einer unter außerdem noch mehreren anderen Zubringern.

Die Praxis lehrt: alleine schon das Vermeiden großer Fehler und Dummheiten über eine längere Zeit hinweg kann schon einen wesentlichen Beitrag zum Geschäftserfolg leisten. *Einfachheit ist eine weitere wichtige Lehre*: man kann nicht Meister in allen oder zu vielen Disziplinen sein. Daraus folgt: Man sollte hinsichtlich seiner organisatorischen Strukturen und Prozesse möglichst schlank aufgestellt sein. Dabei sollten vor allem bewährte Prinzipien und der sogenannte gesunde Verstand nicht vergessen werden: man sollte deshalb nicht den angeblich neuesten Managementmethoden des jeweiligen Tages folgen. Die Zukunft liegt im Rohstoff „Wissen": Der Anteil des Wissens an der Gesamtwertschöpfung von Unternehmen wird mittlerweile auf über sechzig Prozent geschätzt. Die Wirtschaft unterliegt dadurch einem dynamischen Wandel und Anpassungsdruck: insbesondere der Umgang mit Wissen als Ressource wird für die

Zukunft immer mehr zum entscheidenden Erfolgsfaktor, d.h. die Wettbewerbsfähigkeit wird vom bewussten und gezielten Umgang mit diesem immateriellen Rohstoff abhängen. Die vorhandenen Ressourcen müssen somit auf den Erhalt und Ausbau von Innovation und Wissen optimiert werden. Wissen manifestiert sich sowohl in internen Kommunikationsnetzwerken, dem „Unternehmensgedächtnis", als auch im Verbund mit externen Kooperationspartnern. Gegenüber dem Management klassischer Produktionsfaktoren hat das Management des Wissens seine Zukunft noch vor sich: es wird zunehmend wichtiger, auch über die Einflussfaktoren des Intellektuellen Kapitals genau Bescheid zu wissen. Durch mehr Transparenz und nachvollziehbare Bewertung/Messung knapper Wissensressourcen können diese im Wettbewerb zielgerichteter genutzt werden. Denn es wird immer mehr darauf ankommen, dass man vor allem wissensgestützte Produkte und Dienstleistungen nutzt: der Marktwert heutiger Produkte und Dienstleistungen basiert zu einem immer größeren Teil auf deren Informationsgehalt. Dabei werden verschiedene Entwicklungsstufen durchlaufen: von der Daten- über die Informations- bis hin zur Wissensstufe. Den Wert eines Unternehmens ermittelt man immer mehr dadurch, indem man auf das Verhältnis von Daten, Informationen und Wissen schaut: Unternehmen, die sich „informationalisieren" können, werden besser dastehen als solche, die dies nicht können. Wenn sie darüber hinaus vorhandene Wissensbestände zu nutzen wissen, werden sie sogar noch stärker und wertvoller sein als die, die nur auf Informationen basieren.

Wissensmanagement ist somit ein Muss für alle, die in der Wissensgesellschaft ihre Positionen halten oder ausbauen wollen: in der informationsbasierten Arbeitswelt finden gewaltige Umstrukturierungen statt, d.h.: wenn der Wettbewerb immer weniger über Faktoren wie Kosten oder Finanzmittel gewonnen werden kann, muss nach anderen, tiefer liegenden, bisher noch ungenutzten Faktoren gesucht werden. Während das Management klassischer Produktionsfaktoren schon sehr weit ausgeschöpft ist, wird das Management der Wissens-Rohstoffe seine Zukunft noch vor sich haben. Wenn bei der Nutzung von Wissen gegenüber der Konkurrenz zu viel an Zeit verloren geht, kann es vielleicht schon zu spät sein. In der Praxis ist Schnelligkeit meist gleichbedeutend mit Erfolg, d.h. man muss sein Geschäftsmodell schneller als Konkurrenten durch die Wertekette hindurch bewegen.

Wer die Hebelkraft des Intellektuellen Kapitals nicht kennt, verpasst leicht Gelegenheiten: Menschen und Informationen/Wissen sind das wertvollste Kapital. Rohmaterialien, Produktions-, Geschäfts- und Vermarktungsprozesse sind für Konkurrenten notfalls schnell verfügbar. Was im Gegensatz hierzu nicht schnell verfügbar gemacht werden kann, sind Wissen, Fähigkeiten, Qualifikationen, Erfahrungen, Motivation u.a. von Personen. Beim Humankapital geht es um Menschen, die ausgebildet, informiert und flexibel sind. Um Menschen, die über das nachdenken, was sie tun und bereit sind, Initiativen zu ergreifen. Um Menschen, die bereit sind, zu lernen und offen für innovative Veränderungen sind. Um Menschen, die fähig sind, sich auf einer "Just-in-time"-Basis neues Wissen und neue Fertigkeiten anzueignen. Um Menschen, die Fachliteratur lesen und fähig sind, in interdisziplinären Teams zu arbeiten. Um Menschen die bereit sind, Verantwortung zu übernehmen und Mitverantwortung für das Erreichen von Zielen akzeptieren. Um Menschen, die Unternehmensprobleme als ihre eigenen betrachten. Eine Hauptaufgabe der Wissensbilanz besteht deshalb darin, dazu beizutragen, den Einfluss des Intellektuellen Kapitals auf das Betriebsergebnis als Hebelkraft zu nutzen. Wissen manifestiert sich sowohl in internen Kommunikationsnetzwerken, dem „Unternehmensgedächtnis", als auch im Verbund mit externen Kooperationspartnern. Ein umfassendes Wissensmanagement ist somit entscheidend für zukünftige Markterfolge. Die kleinste Einheit des Wissensmanagements ist demnach das Individuum als Träger von Fähigkeiten und Besitzer von Erfahrungen. Häufig ist der Organisation nur ein Teil dieser Fähigkeiten (z.B. Ausbildung, Sprachkenntnisse) bekannt. Diese bekannten Daten bilden aber nur einen Teil der Mitarbeiterfähigkeiten ab: wer die Fähigkeiten der Mitarbeiter nicht kennt, verpasst die Gelegenheit, sie zu nutzen! (mangelnder Zugriff auf internes Expertenwissen).

Strategieplanung und Wissensmanagement: mit der Festlegung von Finanz- und Wachstumszielen ist die Aufgabe des strategischen Managements nicht abgeschlossen. Mit Hilfe von Performance-Kennziffern der Wissensbilanz (wie Marktanteile, Mitarbeiterfluktuation, Kundenzufriedenheit, Verspätungen in Produktion und Lieferung u.a.) können Manager rechtzeitig erkennen, wo noch Lücken zu den Kernzielen ihres Unternehmens bestehen. Eine Wissensbilanz schlägt eine Brücke zwischen rein finanzwirtschaftlicher Analyse und langfristigen Strategien. So kann es beispielsweise sinnvoll sein, auf schnelle Gewinne zu verzichten, wenn die Unternehmensstrategie Investitionen in anderen Bereichen erfordert. Unter der Prozessorientierung einer Wissensbilanz, ist die Perspektive der Mitarbeiterorientierung (beispielsweise Potenziale, Motivation und Lernfähigkeit der Mitarbeiter) am stärksten zukunftsorientiert. In Verbindung mit einer Wissensbilanz können mit dem Strategie-Check Freiräume für neue, kreative Lösungswege gefunden werden. Der Strategie-Check bestimmt den „kritischen Weg", denn wenn man nicht weiß, wohin man geht, landet man sehr leicht anderswo!

Unabhängig von Größe, Branche oder Geschäftsfeld muss sich ein Entscheider mit den „3-W"-Fragen auseinandersetzen: *Wo stehe ich heute? Wo will ich hin? Wie komme ich dorthin?* Wichtig ist, diese Reihenfolge einzuhalten. Denn: erst wenn das Reiseziel genau feststeht, sollte eine Entscheidung über geeignete Transportmittel getroffen werden, mit denen man am besten dorthin gelangen kann. Strategisches Denken weckt das Denken in Alternativen, ein Strategie-Check kann dabei Hilfestellung bieten, diese zu erkennen und mit ihren Potenzialen auszuloten. Da der Rohstoff „Wissen" zum wertvollsten gehört, was man besitzt, muss dieser auch mit seinen strategischen Inhalten identifiziert und ausgeschöpft werden. Dabei gelingen wirksame Strategien besonders dann, wenn mit der Wissensbasis ihre Wurzeln im „Unternehmens-Gedächtnis" fest verankert sind.

Qualität der Geschäftsplanung heißt: niemals das Ganze aus dem Blickfeld zu verlieren und jede Maßnahme über ihre gesamte Wirkungskette hinweg eng mit allen sie umgebenden Einflussfaktoren zu vernetzen und eng zu überwachen

Für das Wissensmanagement besteht die Hauptaufgabe darin, Wissen zu erzeugen, zu dokumentieren, auszutauschen und anzuwenden. Dabei geht es nicht nur darum, die in Datenbanken und anderen Medien vorliegenden Informationen zusammenzuführen. Ebenso wichtig ist es, die in den Köpfen der Mitarbeiter gespeicherten Informationen für den Informationsprozess verwert-bar zu machen. Zu unterscheiden ist zwischen explizitem Wissen, das sich anhand von Regeln abbilden lässt und implizitem Wissen, das sich aus der Problemlösungskompetenz und dem Erfahrungsschatz der Mitarbeiter zusammensetzt. Man möchte sich sein intuitives Gefühl für Markttrends und –meinungen erhalten, d.h. man will zwar Zahlen Beachtung schenken, sich aber nicht von ihnen beherrschen lassen. Fundament des Markterfolges ist in der Praxis die Qualität der Geschäftsplanung. Schlüsselfaktoren hierbei sind sowohl die Perspektive von außen nach innen als auch die Bereitschaft zur Veränderung von Spielregeln. Dazu kommt die Qualität der Umsetzung durch eine gezielte Entwicklung der inneren Schlagkraft des Unternehmens in Menschen bzw. deren Fähigkeiten und abgeleitet daraus in Strukturen, Systeme und Prozesse. Es genügt eben nicht, nur besser zu sein. Vielmehr müssen die Grundrichtung, Konzept und Verwirklichung mit dem festen Willen zur positiven Veränderung gezielt verfolgt und mit unternehmerischem Denken genutzt werden.

Grundlegende strategische Fragen an die Geschäftsplanung sind beispielsweise: wie werden Leistungen am Markt abgenommen und welche Vertriebsressourcen werden hierfür gebraucht? können wir die Leistungen in dem vom Markt gewünschten Umfang (Kapazitäten, Engpässe u.a.) erbringen? lohnt es sich, in den betreffenden Geschäftsfeldern Leistungen anzubieten und wird dadurch der Erfolg des Unternehmens auch längerfristig gefördert? Zu den grundlegenden Methoden, um die Beantwortung derartiger Frage zu unterstützen, zählen die Marktforschung allgemein, Marktsegmentierungsverfahren, Branchenanalysen, Stärken-/ Schwächenanalysen, Konkurrenzanalysen, Marktanalysen, Szenarioanalysen, Produkt- Lebenszyklusanalysen oder Marktnischenanalysen. Somit sind grundsätzlich Pläne, die auf mehr oder weniger unkritischer Fortschreibung von Vorperiodenergebnissen, die auf mit Erfahrung oder Gefühl entwickelten Schätzungen von Marktvolumen/-preisen/-kosten oder auf Aggregationen ungeprüfter Teilpläne untergeordneter Unternehmenseinheiten basieren, als Instrumente für eine effiziente Unternehmenssteuerung nicht geeignet. Die Aufmerksamkeit der Geschäftsplanung muss sowohl auf das Umfeld und die differenzierten Kundenbedürfnisse als auch auf die finanziellen, personellen und sachlichen Marketingressourcen des Unternehmens gerichtet sein.

Planungsinstrumente müssen richtig verstanden und eingesetzt werden: sie liefern nicht automatisch sichere Aussagen über eine unsichere Zukunft. Planung heißt auch nicht, in eine Kristallkugel zu sehen, sondern ist nicht zuletzt eine Projektion der Vergangenheit, die man verstehen muss, bevor man etwas voraussagen kann. Planung als Vorausabwägen verschiedener Entscheidungsmöglichkeiten ist heute mehr denn je eine Wurzel des Geschäftserfolges. Manchmal wird einer Forderung nach detaillierter Planung der Einwand entgegen gehalten, dass eine präzise Form der Planung ohnehin unmöglich sei, da niemand in die Zukunft schauen könne. Gerade aber weil diese ungewiss ist, müssen die Maßnahmenplanungen konkret gesetzt werden, um über notwendige Orientierungsmarken für grundsätzliche Entscheidungen verfügen zu können. Neben „harten" quantitativen Daten müssen für die Geschäftsplanung auch sogenannte „weiche" qualitative Einschätzungen -beispielsweise unter Zuhilfenahme einer Wissensbilanz- bereitgestellt werden. Dazu regt eine Wissensbilanz immer wieder auf ein Neues dazu an, niemals das Ganze aus dem Blickfeld zu verlieren und jede Maßnahme über ihre gesamte Wirkungskette hinweg eng mit allen sie umgebenden Einflussfaktoren zu vernetzen und eng zu überwachen.

Als Zubringer für eine Wissensbilanz können u.a. folgende Checklisten in Frage kommen:
A-B-C-Checkliste Kunden
Betriebsklima Checkliste
Bewerberstrategie Checkliste
Bewerber Eigenbild Checkliste
Beziehungskapital Checkliste
Bildungsmonitor Checkliste
Change Management Checkliste

CRM Prozesse Checkliste
Fitness-Check Standortbilanzprojekte
Frühwarnindikatoren Checkliste
Geschäftsbeziehung Monitoring Checkliste
Geschäftsprozesse Checkliste
Güte kommunale Verwaltung Checkliste
Humankapital Checkliste
Image-Bekanntheitsgrad Checkliste
Innovation, Ideenmanagement Checkliste
Kapitalstruktur Checkliste
Kompetenznetzwerke Checkliste
Kundenbindung Checkliste
Kundenmanagement Checkliste
Kundenzufriedenheit Checkliste
Leistungsqualität Checkliste
Managementwissen Checkliste
Markt- u. Konjunkturbeobachtung Checkliste
Maßnahmen Checkliste
Mitarbeiterbefragung Checkliste
Mitarbeiterzufriedenheit Checkliste
Potenzialausschöpfung Checkliste
Qualifizierungserfolg Checkliste
Quin-Win-Projekte Checkliste
Standortbeziehungskapital Checkliste
Standorterfolgsfaktoren Checkliste
Standortgeschäftsprozesse Checkliste
Standortgeschäftsumfeld Checkliste
Standorthumankapital Checkliste

Standortstrukturkapital Checkliste
Standortbewertungsbedarf Checkliste
Standortverlagerung Checkliste
Standort Grundsatzfragen Checkliste
Standortindikatoren Checkliste
Standortzufriedenheit Checkliste
Star- u. Cashprodukte Checkliste
Strategiefragen Checkliste
Strukturkapital Checkliste
Umfeldbedingungen Checkliste
Umfeldbeobachtung Checkliste
Unternehmensstrategie Checkliste
Unternehmensziele Checkliste
Weiterbildung Checkliste
Werttreiber Checkliste
Wissensmanagement Checkliste
Zielkosten Checkliste

Vorausschau und Prognose ohne Kennzahlen-Maschinisten - das Konzept der Wissensbilanz vermag eine Brücke zwischen Key-Performance-Indicator und zunächst nicht sofort quantitätsfähigen Intangibles zu schlagen

Strategische Planung - Kennzahlen sind eine notwendige, aber keine hinreichende Bedingung: denn nicht jede Entscheidung lässt sich ausschließlich mit Kennzahlen unterlegen. Der Tunnelblick auf Kennzahlen birgt manche Gefahren. Das sture Befolgen isolierter Einzel-Kennzahlen könnte der Nährboden sogar für kontraproduktive Entscheidungen sein. Zu komplex und unwägbar ist die Realität, um sie einzig und allein in einer Korsett aus Kennzahlen pressen zu können. Und seien diese auch noch so detailliert. Entscheidungsträger können auch durch die ausgeklügelsten Kennzahleninstrumente nicht von intellektueller Anstrengung freigesprochen werden. Im Gegenteil: Manager sollen und dürfen nicht bloße hochbezahle Kennzahlen-Maschinisten sein. Führungskräfte müssen Risiken abwägen können und Entscheidungen unter Unsicherheit treffen können.

Immer wieder sind Entscheidungen zu treffen, in die neben Zahlen, Daten und Fakten auch viele qualitative, nicht ohne weiteres quantifizierbare Elemente einfließen. Ein nachhaltig tragfähiger Ausweg wäre keineswegs, das Pendel in die andere Richtung ausschlage zu lassen: nämlich auf reine Bauchentscheidungen zu setzen oder gänzlich auf entscheidungsunterstützende Kennzahlen-Werkzeuge zu verzichten. Das Konzept der Wissensbilanz vermag eine Brücke zwischen Key-Performance-Indicator und zunächst nicht sofort quantitätsfähigen Intangibles zu schlagen.

Eine solche Kombination aus zwei sich gegenseitig bestens ergänzenden Konzepten kann dazu beitragen, besonders komplexe Entscheidungssituationen aufzulösen. Um die Ressource „Wissen" bewerten und rentabilitätssteigernd ausschöpfen zu können, muss zuvor das relevante Wissen lokalisiert werden: Wissen ist das Unternehmensgedächtnis. Dabei wird in der Wissensbilanz das nicht direkt greifbare Vermögen eines Unternehmens, einer Organisation u.a. dargestellt. Obwohl dieses intellektuelle Kapital nicht direkt greifbar ist, ist es für den zukünftigen wirtschaftlichen Erfolg von entscheidender Bedeutung, d.h. die systematische Steuerung solcher "weichen" Erfolgsfaktoren rückt immer stärker in den Vordergrund.

Planen heißt vorausschauen und Prognosen entwickeln: je genauer diese Prognosen sind, desto erfolgreicher werden die daraus abgeleiteten Schlüsse und damit das Geschäft sein. Informationen alleine haben aber weder einen besonderen Wert, noch einen Zweck an sich, d.h. der Geschäftserfolg hängt davon ab, wie effizient die Geschäftsplanung diesen Rohstoff zu nutzen versteht. Die Geschäftsplanung interessiert mehr das Morgen und Übermorgen als das gestern Gewesene. Ursprünglich versorgte man sich dabei vorwiegend mit Zahlen aus dem Rechnungswesen, speziell solchen der Kostenrechnung. Heute müssen die Instrumente breiter, u.a. durch Einbeziehung von Risiko-, Frühwarn-, Kunden-, Konkurrenz- und Marktinformationen, eingesetzt werden. Dabei müssen die entscheidungsrelevanten Informationen über verschiedene Hierarchieebenen hinweg so verdichtet werden können, dass eine Koordination von Einzel-

und Gesamtzielen ermöglicht wird: die planungsrelevanten Daten müssen zu einem umfassenden Gesamtsystem gebündelt werden. Der Antriebsstoff für das Regelsystem setzt sich aus Informationen zusammen. Heute müssen Planungsinstrumente umfassend und strategisch eingesetzt werden. Controlling-Tools liefern u.a. ein Koordinationsinstrument für die entscheidungsbezogene Informationsverdichtung. Möglich wird dies aber nur, wenn neben "harten" quantitativen Aussagen wie beispielsweise Umsatz-, Auftrags- oder Deckungsbeitragsinformationen auch "weiche" qualitative Bewertungen beispielsweise in Form von Trend- und Szenarioanalysen bereitgestellt werden.

Unternehmerische Informationsprozesse sind durch ein hohes Maß an Komplexität gekennzeichnet: die Gestaltung der einzelnen Prozesse muss daran gemessen werden, inwieweit sie dazu beitragen können, relevante Markt-, Kunden- und Ressourcenpotenziale auszuschöpfen. Die hierfür notwendigen strategischen Controllinginstrumente sind durch weltweite Vernetzung durch Massenmedien, Image und Kommunikation als Erfolgsfaktoren, zunehmende Veränderungsgeschwindigkeit, Potenzialausschöpfung über schnelle Kommunikation sowie durch die Schlüsselrolle der Medien für Unternehmensperspektiven gekennzeichnet. Die Gefahr, das Unternehmen an den Marktrealitäten vorbei zu steuern besteht immer dann, wenn die Reaktionszeiten zu lang und das Informationsinstrumentarium zu sehr auf die Fortschreibung der Vergangenheit statt auf die Beherrschung der Zukunft ausgerichtet ist.

Den Blick auf erfolgversprechende Maßnahmen richten: die vorgesehenen Maßnahmen sollten vor ihrer Umsetzung mit Blick auf die strategische Ausrichtung und unter Berücksichtigung der im Wissensbilanz-Prozess zusammengetragenen/ dokumentierten Informationen diskutiert werden. So können Maßnahmen verhindert werden, die an der falschen Stelle ansetzen oder denen Wirkungen unterstellt werden, die in der Analyse nicht identifiziert wurden. Fundamentale Änderungen der Strategie sollten der Ansatz für die nächste Wissensbilanz sein (eine nachträgliche Änderung in der aktuellen Berichtsperiode würde ggf. den Bewertungsmaßstab verfälschen, da die jeweilige Strategie die "Messlatte" der gesamten Analyse darstellt. Frage: gibt es Hinweise, dass die Geschäftsstrategie geändert werden muss? Falls ja, sollte die Gelegenheit zur Anpassung der Strategie genutzt werden. Um seinen Markterfolg zu sichern, muss man besser sein als die Konkurrenz. Der Schlüssel dazu liegt in der gezielten Steuerung von Faktoren, die über Wissensfähigkeiten bestimmen. Hierzu müssen systematisch die Ausprägungen der wissensrelevanten Gestaltungsfelder der Managementebene abgefragt werden.

Damit erfolgt eine Positionierung der Wissens- und Leistungsfähigkeit, das Wissensgeschehen wird in seiner ganzen Bandbreite erfasst. Auf Basis dieser Wissensanalyse kann man identifizierte Potenziale ausschöpfen, sich selbst verbessern und dadurch wettbewerbsfähiger werden. Eine wiederholte Nutzung der Selbstbewertungsinstrumente ermöglicht die kontinuierliche Erfolgskontrolle von umgesetzten Maßnahmen: aus den Analyseschritten werden solche Maßnahmen abgeleitet, die das größte Entwicklungspotenzial versprechen. Die operative Umsetzung der Maßnahmen ist nicht mehr direkter Bestandteil der Wissensbilanz. Die Wissensbilanz hilft aber, die besten Maßnahmen zu planen, auf die richtigen Faktoren auszurichten und insbesondere den Maßnahmenerfolg in nachfolgenden Bilanzierungszyklen immer wieder zu überprüfen und mittels Indikatoren zu messen.

Wissens-, Personal- und Standortbilanz in der Tool-Box: auf den ersten Blick mögen diese Bilanztypen nichts oder wenig miteinander zu schaffen haben. Trotzdem gibt es als starke Klammer einen gemeinsamen Nenner: In einer Welt der angeblich so harten Wirtschaftsfakten mit ihrer Scheingenauigkeit von Nachkommastellen richten sie ihr Augenmerk verstärkt auf sogenannte „weiche" Faktoren. In vielen Entscheidungssituationen sind es nämliche gerade solche, die nicht nur das Salz in der Suppe, sondern ganz wesentliche Entscheidungskriterien ausmachen. Entscheidungsprozesse durchlaufen verschiedene Entwicklungsstufen: von der Daten- über die Informations- bis hin zur höchsten Wissensstufe. Den Schwierigkeitsgrad einer Entscheidung erfasst man u.a. dadurch, indem man auf das Verhältnis von Daten, Informationen und Wissen schaut. Informationsbasierte Entscheidungen sind eher besser als solche, die ohne Informationen auskommen müssen. Wissensmanagement erfordert auf der Entscheidungsebene die Bewertung von zirkulierenden Informationen. Im Vergleich zu gut strukturierten Daten werden Wissen und Erfahrungen in der Regel nicht explizit dargestellt. Genau diese Informationen sind aber für den Entscheidungserfolg von Bedeutung. Schwach strukturierte Prozesse, deren Ablauf nicht genau vorhersehbar ist, werden meist nur einmal in der gleichen Form durchgeführt.. Während bei der Vermittlung von Wissen zunächst kognitiven Fähigkeiten im Vordergrund stehen, werden bei der praktischen Umsetzung dieses Wissens in Entscheidungen auch persönliche, soziale und kommunikative Kompetenz benötigt. Alle Stufen der Entscheidungsfindung sollten daher verstärkt auf diese „softfacts" eingehen. Wissen und Erfahrungen sind an Personen gebunden und daher können nur die Knowhow-Träger selbst diese Potenziale erschließen. Die Halbwertzeit des Wissens sinkt dramatisch ab: d.h. ohne regelmäßiges Aktualisieren könnte wertvolles Knowhow in kürzester Zeit für wichtige Entscheidungsprozesse nur noch die Hälfte wert sein.

Strategische Entscheidungsprozesse ruhen auf einem komplizierten und manchmal schwer durchschaubarem Gerüst von Einflussfaktoren: neben messbaren Faktoren gibt es viele andere, sogenannte „weiche" Faktoren, die für den Erfolg einer Entscheidung ausschlaggebend sein können. Die Grenzlinien zwischen beiden Faktorenqualitäten verlaufen nicht immer eindeutig. Ein sogenannter wichtiger „Hauptfaktor" muss diese Einordnung nicht für alle denkbaren Situationen beibehalten. D.h. je nach Sachlage können „Hauptfaktoren" und scheinbar unwichtige „Nebenfaktoren" ihre Wertigkeitsposition auch tauschen. Ein Einflussfaktor ist strategisch gesehen nicht schon allein deshalb wichtig, weil er gemessen werden kann. Umgekehrt ist ein Faktor aber nicht schon deshalb weniger bedeutsam, weil über ihn keine exakten Bestimmungen vorliegen. Auch für die sogenannten „weichen" Faktoren gilt: sie sind weit häufiger auch nachvollziehbar quantifizierbar als üblicherweise angenommen. In einem zunehmend dynamischer und wettbewerbsintensiver agierenden Umfeld nimmt die relative Bedeutung der „weichen" Faktoren gegenüber den üblicherweise gemessenen harten Faktoren weiter zu. Schlaue Ökonomen haben sich mit der Frage befasst, wie Menschen was entscheiden und dabei darauf abgestellt: Qualität der Entscheidungen sowie Zusammenhänge zwischen Entscheidungen und persönlichen Eigenschaften. Wie auf allen anderen Gebieten auch verfügen Personen über unterschiedliche Fähigkeiten: hier Entscheidungen zu treffen Ebenso wenig kann das grundsätzliche Ergebnis solcher Untersuchen verwundern: rationalere Entscheidungen bringen zumindest längerfristig gesehen mehr Vorteile. Was aber ist nun rational und was eben nicht? Können hierfür eindeutige Kriterien vermessen werden? Und wenn - welche wie? Allein die Bewertung des jeder Entscheidung direkt oder indirekt innewohnenden Risikos ist ein großes Problem: was dem einen noch als Haltung eines Sicherheitsfanatikers gelten mag, könnten andere bereits als Tun eines Hasardeurs betrachten (die Börse lässt grüßen). Wer rational entscheidet, steht in der Welt der Strategieprobleme jedenfalls auf der Gewinnerseite: wer in experimentellen Test konsistente = rationale Entscheidungen treffe, würde vermutlich auch im realen Leben die besseren Entscheidungen treffen, d.h. Erfolg würde sich mit der Summe richtiger Entscheidungen einstellen. Aber die Formel: Konsistente

Entscheidungen = gute Entscheidungen = mehr Erfolg mag zwar Tendenz und Richtung bestimmen, muss aber nicht für jeden in jeder Situation gelten: so dürfen denn auch Kriterien wie „konsistent" und „prinzipientreu" nicht mit persönlichen Eigenschaften wie etwa „wenig anpassungsfähig", „wenig flexibel" oder „wenig lernfähig" umgesetzt werden.

Perspektiven einer Wissensbilanz mit klaren und abstimmfähigen Strategien - Maßnahmen Checkliste

Grundsätzlich muss eine Maßnahme im Vergleich zu mehreren Alternativen zweckmäßig sein, bewertet und kompetent beschlossen sein. Zur Umsetzung der betreffenden Maßnahme muss es einen Verantwortlichen, eine Durchführungskontrolle und einen möglichst genauen Terminplan geben. Die Ergebnisse einer solchen Maßnahmenplanung beinhalten eine Bewertung (Kosten-, Nutzenanalyse) und Abschätzung des jeweiligen Zielbeitrages. *Name der Maßnahme:* der Maßnahme einen sprechenden Titel geben. *Ziel/Ergebnis*: welche wesentlichen Ziele werden verfolgt? *Vorgehen*: was ist zu tun? In welcher Reihenfolge sollten welche Schritte umgesetzt werden? *Dauer (in Monaten)*: für welchen Zeitraum ist die Maßnahme angesetzt? Wann soll das Ziel erreicht sein? *Status*: in Planung/ in Bearbeitung/abgeschlossen? *Start*: wann wird angefangen? *Wirkungsprognose*: welche Auswirkungen innerhalb des Intellektuellen Kapitals sind zu erwarten? Was bewirkt die Maßnahme direkt/indirekt? *Verantwortlich/Ressourcen*: wer ist für die Umsetzung und die Zielerreichung verantwortlich? Wer arbeitet mit? *Einflussfaktoren:* auf welche Einflussfaktoren soll die Maßnahme wirken? wie sind diese aktuell bewertet (Quantität, Qualität, Systematik)? *Indikatoren*: mit welchen Kennzahlen können die angestrebten Veränderungen am besten gemessen und überwacht werden? Welche Soll-Werte müssen die Indikatoren annehmen, um das Ziel zu erreichen? Die vorgesehenen Maßnahmen sollten vor ihrer Umsetzung mit Blick auf die strategische Ausrichtung und unter Berücksichtigung der im Wissensbilanz-Prozess zusammengetragenen/dokumentierten Informationen diskutiert werden. So können Maßnahmen verhindert werden, die an der falschen Stelle ansetzen oder denen Wirkungen unterstellt werden, die in der Analyse nicht identifiziert wurden. *Standard-Eingabemaske für geplante Maßnahmen*:

Maßnahme	
Ziel Ergebnis	
Vorgehen	
Dauer/Mon. Start	Dauer in Monaten: / Start-Termin:
Wirkungsprognose	
Budget Ressourcen	
Verantwortlich	

Grundsätzlich lässt sich der Wissensbilanz-Ansatz auch dadurch kennzeichnen, dass er unterschiedliche Perspektiven nicht nur berücksichtigt, sondern sich auch mit diesen sehr konkret auseinandersetzt. Es soll ein Gleichgewicht zwischen finanziellen und nichtfinanziellen Ziel- und Steuerungsgrößen erreicht werden. Dahinter steht die Einsicht, dass die Erreichung finanzieller Ziele letztlich immer nur bei ganzheitlicher Sichtweise möglich ist. Die verschiedenen Perspektiven einer Wissensbilanz stehen nicht voneinander losgelöst mehr oder weniger lose nebeneinander, sondern sollen demgegenüber eine in sich geschlossene Geschäftslogik des Unternehmens abbilden: ebenso wie die Finanzziele zu den zentralen Erfolgsparametern des Unternehmens zählen, sind es erst die Kunden, die die Produkte des Unternehmens kaufen und damit für entsprechende Erlöse sorgen. Finanz- und Kundenziele ihrerseits hängen eng mit den Arbeitsweisen und Geschäftsabläufen im Unternehmen, d.h. den Prozesszielen zusammen. In der Logik dieses Gesamtsystems spielen auch die Potenziale des Unternehmens, d.h. seine Innovationskraft, Mitarbeiter u.a. als Potenzialziele, eine entscheidende Rolle. Die Einteilung nach Perspektiven muss nicht starr erfolgen, sondern kann flexibel um weitere, für das Unternehmen und dessen Strategien wichtige Perspektiven, wie beispielsweise etwa die Lieferanten-Perspektive, Kreditgeber-Perspektive, Öffentliche Perspektive u.a. ergänzt und ausgebaut werden.

Das Konzept einer Wissensbilanz heißt Strategien ganzheitlich planen, transparent kommunizieren und effizient umsetzen.

Hintergründe für Konzepte mit Wissensbilanzen sind u.a.: Kritik an den klassischen Vermessungssystemen, d.h. Steuerungskennzahlen aus dem Rechnungswesen dominieren gegenüber kundenfokussierten, nichtfinanzielle Steuerungsgrößen. Kritik an Steuerungsrelevanz des Berichtswesens, d.h. Detail-Daten bezüglich Rendite, Umsatz, Kosten, Marktanteil u.a. liefern zu wenig entscheidungsrelevante Führungsinformationen: zu den Ursachen dieser Entwicklungen, zu dem Zusammenhang mit der Umsetzung strategischer Zielsetzungen. Kritik an Länge und Transparenz der Planungsprozesse, die Einführung der Wissensbilanz kann zur Verkürzung und Übersichtlichkeit der Planungsprozesse beitragen. Kritik an der externen Berichterstattung: Portfolio-Manager verwenden für ihre Investment- und Desinvestment-Entscheidungen in immer stärkeren Maß auch nichtfinanzielle Meßgrößen. Auch dieser Anforderung kommt das Wissensbilanz-Konzept entgegen. Erst die Verzahnung der Wissensbilanz mit den Prozessen bezüglich Planung, Ergebniskontrolle, erfolgsbezogene Vergütung u.a. machen dieses Instrument auch zu einem strategischen Managementsystem.

Denn Wissensbilanz bedeutet zugleich auch immer eine intensive Kommunikation, um einen strategischen Fokus zu erreichen. Eine Wissensbilanz hätte allein schon dadurch ihre Daseinsberechtigung, wenn durch sie im Unternehmen Klarheit und Einigkeit über die zu verfolgenden Strategien erreicht würde. Ein Wissensbilanz-Management-System erlaubt es Unternehmen, strategische Ziele zu erkennen und umzusetzen. Ein solches Planungssystem ermöglicht außerdem die langfristige Erfolgskontrolle der angewandten Strategie. Um eine Messlatte zu haben, muss das Unternehmen vor der Implementierung eines Wissensbilanz-Systems erst seine zu erreichenden Ziele definieren und die dafür notwendigen Mittel und Maßnahmen festlegen. Die Performance wird dann über einen längeren Zeitraum an diesen Parametern gemessen, d.h. Daten werden gesammelt, analysiert und die Resultate in entscheidungsrelevanter Form präsentiert.

Definition geeigneter Bezugspunkte: bevor geeignete Maßnahmen identifiziert werden können, müssen entsprechende Bezugspunkte festgelegt werden, auf die sie sich jeweils beziehen sollen. Es sind dies im Rahmen einer Wissensbilanz definierte Faktoren, die zu fünf verschiedenen Cluster-Gruppierungen zusammengefasst werden können. Da an dieser Stelle die Planung von Maßnahmen im Mittelpunkt steht, wird von einer bereits erfolgten Definition dieser Faktoren und Cluster ausgegangen:

	Prozessfaktoren
GP-1	Leitbild – Unternehmensstrategie
GP-2	Innovationsmanagement
GP-3	Customer Relation Management
GP-4	Marketingcontrolling
	Erfolgsfaktoren
GE-1	Image und Bekanntheitsgrad
GE-2	Marktattraktivität – Marktposition
GE-3	Entwicklungspotential – Umfeldbeobachtung
GE-4	Leistungsqualität
	Humankapital
HK-1	Unternehmerische Kompetenz
HK-2	Aus-, Weiterbildung, Fachqualifikation
HK-3	Mitarbeiterzufriedenheit, -motivation
HK-4	Wissensmanagement
	Strukturkapital
SK-1	Informationssysteme und Anwendungen
SK-2	Planungs- und Controlling-Tools
SK-3	Frühwarn-, Risikokontrollsystem
SK-4	Standortfaktoren
	Beziehungskapital
BK-1	Kunden- und Lieferantenbeziehungen
BK-2	Kommunikationsbeziehungen
BK-3	Kompetenznetzwerkbeziehungen
BK-4	Logistikbeziehungen

Für die Geschäftsplanung von Maßnahmen gibt es kein Allheilmittel und schon gar keine Anleitung, die man unbesehen 1:1 übernehmen könnte. Geschäftsplanung muss und wird immer unternehmensindividuell bleiben. In einem daher fiktiven Demo-Beispiel können daher nur Anhaltspunkte und Anregungen für Überlegungen zur eigenen Situation geliefert werden. Für eine sich anschließende Maßnahmenplanung wird angenommen und vorausgesetzt: dass zuvor bereits ein Bereich festgelegt wurde, auf den sich die Wissensbilanz konzentrieren sollte, bereits zuvor Einzelfaktoren für die jeweiligen Cluster (der Prozess-, Erfolgs-, Human-, Struktur- und Beziehungsfaktoren) festgelegt wurden, alle zugrunde liegenden Einflussfaktoren bereits hinsichtlich ihrer Quantität, Qualität und Systematik bereits detailliert bewertet und hinsichtlich ihrer Wirkungsbeziehungen und Potentiale analysiert wurden.

Profile, Netze, Potenziale auf einen Blick:

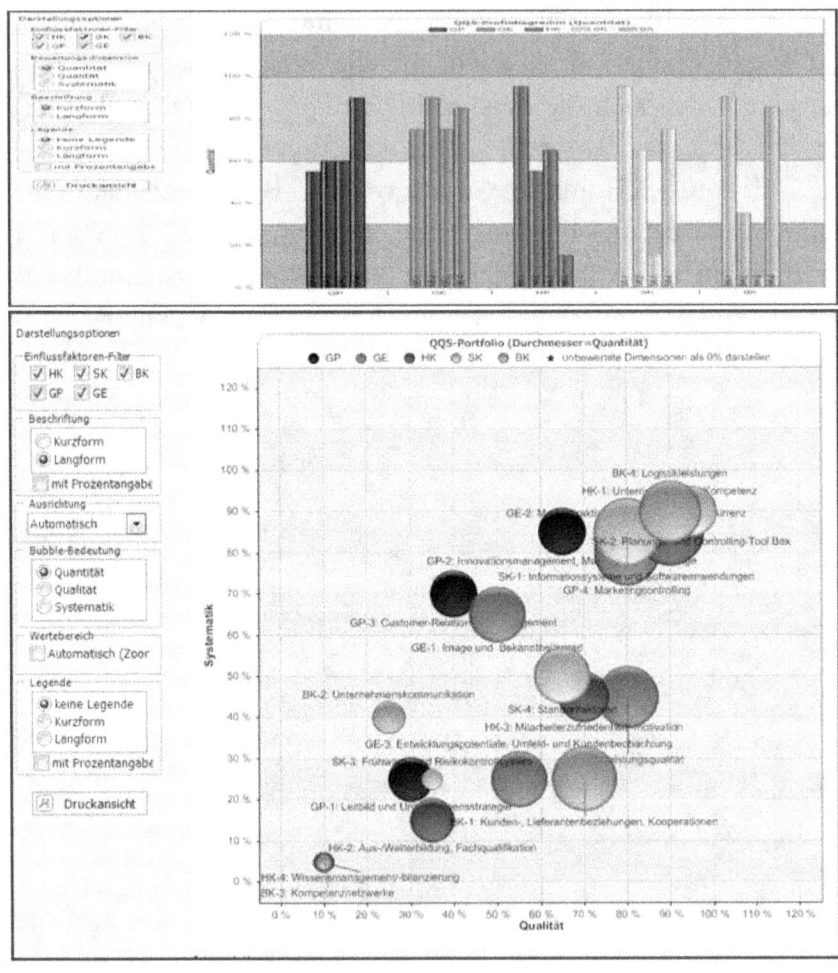

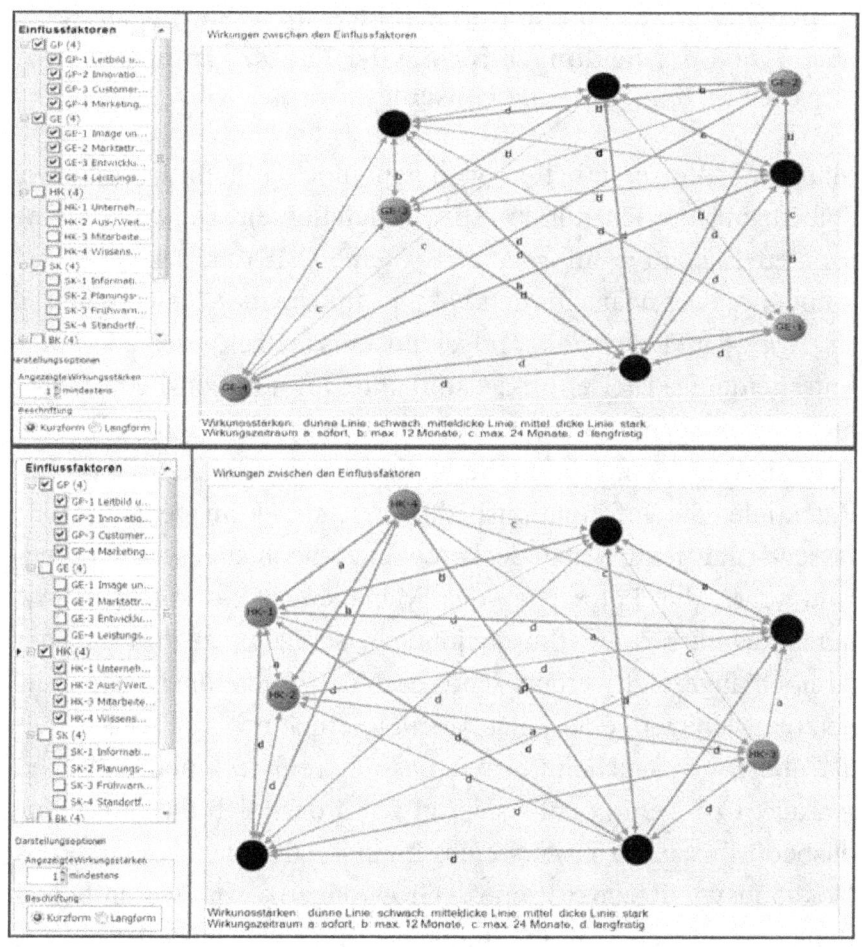

Richtige Dinge richtig tun, denn Erfolg ist ein Ergebnis richtiger Entscheidungen für die der Faktor "Information" eine Holschuld ist

Manche Manager arbeiten vielleicht noch mit umfangreichen Stäben und greifen nur in Ausnahmefälle selbst auf die sogenannten Executive-Informationssysteme (EIS) zurück. Die Begründung, dass Manager den Faktor „Information" nach wie vor als Bring- und nicht als Holschuld einschätzen oder aber ihre Entscheidungskriterien und damit ihre Informationsbedürfnisse nicht offenlegen wollten, ist kaum zutreffend. Mögliche Erklärung sind u.U. konzeptionelle Defizite, beispielsweise: dass die Potentiale, die Informationsbedürfnisse des Managements umfassend und flexibel abzudecken, viel zu hoch angesetzt werden. Und: dass die Potentiale, das Management wirkungsvoll zu unterstützen, bessere Entscheidungen schneller zu treffen, viel zu hoch angesetzt werden. Und: dass die Vorstellung vom „vernetzten Manager" oder „gläsernen Unternehmen" in der Realität als überzogen erscheint. Und: dass in rein technikorientierten Ansätzen zu wenig berücksichtigt wird, dass sich die Informationsbedürfnisse des Leiters eines kleinen Unternehmens und des Vorstandsvorsitzenden eines Großkonzerns in wesentlichen Punkten unterscheiden und teilweise sogar widersprechen. Und: dass die Einbindung externer -teilweise „weicher"- Umfelddaten zu wenig herausgestellt und auch betriebswirtschaftlich unterstützt wird. Immer öfter zeigt sich, das alles, was in zahllosen Rechnern an Daten wahrgenommen und verarbeitet wird, nicht ausreichen wird, um für die Welt, in der wir uns bewegen, benötigtes Entscheidungswissen zu erzeugen. Der Versuch, fehlendes Wissen, durch Berücksichtigung von immer mehr Informationen zu kompensieren, führt in eine Endlosschleife. Was nötig ist, sich Grenzen des Wissens einzugestehen und sich nicht mit immer mehr Informationen über dessen Fehlen hinwegzutäuschen. Es braucht Personen, die den Mut haben, ohne Rechthaberei zu ihrem fragilen Wissen zu stehen.

Methoden und Maßnahmen für Managementinformationen: im Bereich Prozessfaktoren. Leitbild und Unternehmensstrategie: Benchmarking, Leitbild überarbeiten und vertiefen, Strategieplanung verbessern und ausbauen, Szenario (was-wäre-wenn ?)-Analysen, SWOT-Analyse, Krisenmanagement optimieren, Portfolio-Analyse, Impact-Matrix, Kostenmanagement von Geschäftsprozessen, Balanced Scorecard-Unternehmenssteuerung (BSC), Wertmanagement, Unternehmenszielsystem verbessern, strategische IT-Planung, strategische Kostenplanung, Analyse der Cost-Driver, Target Costing - marktorientiertes Zielkostenmanagement. *Innovationsmanagement, Management of Change:* proaktives Change Management, Innovationsprozesse optimieren, Amortisations-Payback-Rechnung, Cash-Inflow- Prognose-rechnung, Zukunftsaussichten mit Lebenskurve, Wegweiser Break-even-Diagramm, Innovationsinstrument Wertanalyse, Lebenszyklus-Finanzrechnung, Innovations-Bechmarking. *Customer Relation Management:* Optimierung der CRM- Prozesse, Auswertung von Kaufkraft-Kennziffern, Auftragsanalyse, Verbesserung der Qualität von Adressdaten, Kostenkalkulation für die Anmietung von Fremdadressen, Direktwerbung. *Marke-*

tingcontrolling: Aufbau eines Markt-Informationssystems, Marktattraktivität- Produktstärke-Analyse, Segmentanalyse, Schaffung von Kundenloyalität

Im Bereich Erfolgsfaktoren. Image und Bekanntheitsgrad: Fremdbild- und Eigenbildanalyse, Analyse Werbeträgerdaten, Reputationsmanagement verbessern. *Marktstellung, Wettbewerbsposition:* Frühwarnsystem aufbauen, Analyse Marktanteil und -ausschöpfung, Bestimmung Marktattraktivität und Wettbewerbsposition, Konkurrenzanalyse, Kaufkraftanalyse, Recherche Unternehmensregister im Internet, Branchenanalyse. *Entwicklungspotentiale, Umfeld- und Kundenbeobachtung:* Umfeldbeobachtung, Economic Value Added (EVA), Return on Capital Employed (ROCE). Potentialanalyse, Außenorientierung der Unternehmensplanung, *Leistungsqualität:* Servicequalität-Management Cockpit, Optimierung/Verkürzung Durchlaufzeit, Qualitäts-Reifegradkonzept, Management der Ressource "Zeit".

Im Bereich Humanfaktoren. Unternehmerische Kompetenz: Kernkompetenzen sichern/ausbauen, Personalauswahl und -integration verbessern, Chef-Kennzahlen optimieren, Professional Development und Leadership forcieren, Managementtechniken der Entscheidungsfindung, Personalcontrolling optimieren, Zeitmanagement verbessern. *Aus-/Weiterbildung, Fachqualifikation:* Fachqualifikation erweitern, Bewertung des Weiterbildungs-Outputs, Analyse des Qualifikationsbedarfs, Employer Branding. *Mitarbeiterzufriedenheit, -motivation:* effektives Teamworking, Mitarbeiterbefragung durchführen, Analyse von

Fehl- und Ausfallzeiten, Fluktuationsanalyse, Diversity Management. *Wissensmanagement:* Wissensbilanz-Fitness-Check, Planung des Wissensbilanz-Projektes, Beschreibung des Geschäftsmodells, Identifizierung Intellektuelles Kapital, Bewertung nach Quantität, Qualität und Systematik (QQS), Indikatoren und Messgrößen entwickeln, dynamische Wirkungszusammenhänge erfassen, Auswertungen nach Stärken- Schwächen- Potentialen, Maßnahmen mit dem größten Entwicklungspotential, Dokument Wissensbilanz entwickeln, Wissensmanagement einführen und umsetzen, Ideenmanagement, Wissen erwerben, Wissen schützen (undichte Informationslecks schließen).

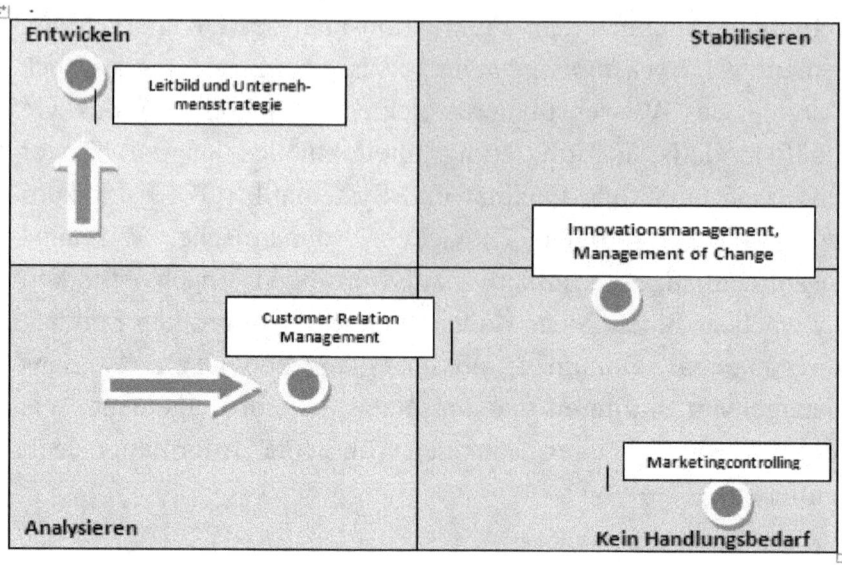
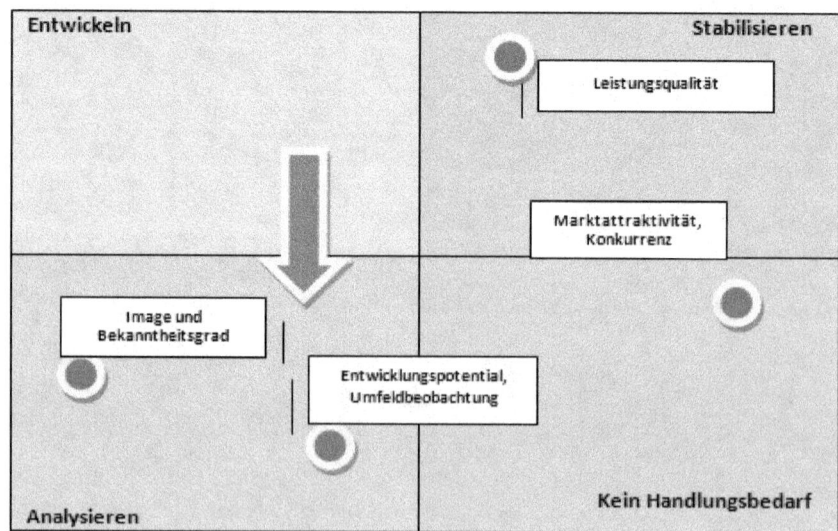

Im Bereich Strukturfaktoren. Informationssysteme und Softwareanwendungen: IT strategisch planen, Kosten-Nutzen Analyse der IT, CRM-Softwareanwendungen, Collaborative Geschäftsprozesse, Prozessmanagement, Data Mining-Prozesse nutzen, IT-Wirtschaftlichkeit, Informationsmanagement, Granularität - Aggregationsgrad der Daten festlegen, "Rebalancing" der Informationsstruktur. *Planungs- und Controlling-Tools:* Grad der Abdeckung von Problemfeldern, Tools mit EIS-Funktion, Tools mit DSS-Funktion, Business Intelligence Konzepte einführen. *Frühwarn- und Risikokontrollsystem:* Kennzahlen-Instrumente verbessern, Risikokontrolle ausbauen, Kultur der Risikobereitschaft fördern, Liquiditätssicherung, Erfassung von Frühwarn-Signalen, Risikostruktur-Analyse. *Standortfaktoren:* Vergleich potenzieller Standorte, Standortprofile, Potenzialanalyse, dynamische Wirkungsnetze, Standortbilanz.

Im Bereich Beziehungsfaktoren. Kunden- und Lieferantenbeziehungen: Kundenbeziehung/-bindung verstärken, Informationsanalyse der Lieferantenbeziehungen, Kundenwert- Geschäftsbeziehungen, Analyse der Markentreue, Outsourcing- Beziehungspflege, Lieferantenkooperation-Leistungstiefe, Lieferantenscore, Erfolgspotential Einkauf aktiv ausschöpfen. *Kommunikationsbeziehungen:* Kommunikationsbeziehungen ausbauen/ bewerten, Werbeträger-Optimierungsrechnungen, mit Öffentlichkeitsarbeit Vertrauen schaffen, Anzahl Presse-Mitteilungen steigern, Pressegespräche intensivieren, Präsentationstechnik verbessern. *Kompetenznetzwerkbeziehung:* Kompetenznetzwerk ausbauen, Analyse Innovations-Cluster, Recherche in Förder-

Datenbank, Informationsbeschaffungsverhalten intensivieren, Forschungs- und Entwicklungskooperationen. *Logistikleistungen:* Logistik-Benchmarking, Global Purchasing, Optimierung der Logistikkette.

Wissensmanagement ausschöpfen und Wirkungszusammenhänge identifizieren - strategische Planung muss in einer Wertposition festlegen, wie man langfristig Werte schaffen will

Um die Ressource „Wissen" bewerten und rentabilitätssteigernd ausschöpfen zu können, muss zuvor das relevante Wissen lokalisiert werden. Ziel ganzheitlichen Denkens und Handelns muss sein: die Wertschöpfungskette so zu gestalten, dass keine Werte vernichtet werden, es gelingt, in mehreren Dimensionen erfolgreich zu sein, Aktivitäten sich gegenseitig unterstützen, spezifische Wertpositionen auch langfristige gesichert werden können, alternative Wertpositionen anhand verschiedener Szenarien analysiert werden können, die Wirkungszusammenhänge zwischen verschiedenen Kapitalien (Humankapital, Strukturkapital, Intellektuelles Kapital, Beziehungskapital, Finanzkapital) identifiziert und bewertet werden, die Wirkungszusammenhänge zwischen finanziellen und nichtfinanziellen Steuerungsgrößen identifiziert und bewertet werden.

Beispiel Wissensmanagement komparativer Konkurrenzvorteile: mit welchen Planungs- und Steuerungsinstrumenten kann die Vertriebs-Performance verbessert werden? Der Planungsprozess beginnt mit der Analyse der aktuell zur Verfügung stehenden Ist-Informationen. Dies ist im Rahmen der Vertriebsplanung eine Bestandsaufnahme der aktuellen Kundenstruktur, der Produktpositionierung, der Marktdaten und der eigenen Vertriebspotentiale. Aus diesen Informationen können unter Einbeziehung der geschäftspolitischen Visionen und Ziele strategische

Vertriebsziele entwickelt werden: diese sind anschließend in die operative Vertriebsplanung umzusetzen. Mit dem Instrumentarium der Vertriebsplanung soll der Verkauf unterstützt werden, um Trends frühzeitig zu erkennen, Produkte wettbewerbsgerecht zu positionieren, hohe Rentabilität und Deckungsbeiträge zu sichern sowie Erfolgs- und Gewinnpotentiale für die Zukunft aufzubauen. Darüber hinaus bilden Daten und Informationen aus dem Vertriebscontrolling die Basis für die strategische Ausrichtung des Gesamtunternehmens und durch Aufzeigen interessanter Märkte und Geschäftsfelder. Das Konzept der Komparativen Konkurrenzvorteile erläutert beispielsweise folgendes Vorgehensmodell: Marktanteil sinkt drastisch, Verkäufer schlecht? Preis zu hoch? Brauchen wir mehr Verkäufer? Finanzchef blockt ab, Stillstand = Rückschritt! Wir denken zu wenig in Märkten, die Konkurrenz schläft nicht. Wer sind unsere Kunden? Marketinglösung: neue Ideen für die Entwicklung. Vertrieb ist begeistert, Schulterschluss in Richtung Markt, abteilungsübergreifendes Handeln: die Lösung!

Mit Kundenwert und Kundenscore die relative Wettbewerbsposition analysieren: der Lebenszeitwert (Customer lifetime value) von Kunden gibt die Höhe des abgezinsten Ertrages an, den ein Unternehmen aus einer Beziehung zu einem Kunden über eine bestimmte Anzahl von Jahren hinweg generiert hat. Eine Analyse der Kundenertragskraft erfasst kundenbezogene Aufwendungen für Verkaufsbesuche, Beratung, Schulung, Verkaufsförderung, Werbung, Auftragsabwicklung, Kommissionierung und auftragsbezogene Fertigungsgemeinkosten. Damit lassen sich folgende Fragen beantworten: wie rentabel sind bestimmte Einzelkunden? wie differiert das Ergebnis nach Kundenstruktur/-größe? in welcher Relation wird die Ertragskraft durch Verkaufsaufwand-/-erlöse bestimmt? wie lässt sich die Kundenrentabilität beeinflussen? auf welche Kunden soll sich das Unternehmen besonders konzentrieren? Die Ermittlung der Kundenattraktivität erfolgt dabei anhand von Meßgrößen wie: Kaufvolumen, Umsatz, Einkaufspotenzial, Bonität, Zahlungsverhalten, Image, Preissensibilität, Reklamationsverhalten, benötigte Beratungsintensität, Kundenwachstum, Deckungsbeitrag, Qualitätsanforderungen, Innovationspotenziale. Eine Überleitung von Kundenwert und Kundenscore in eine Wissensbilanz kann mit folgenden Punkte unterstützt werden: Wissensbilanz – aufzeigen wie alles zusammenhängt, Integration mit Kernprozessen des Unternehmens, Analyse der Kundenertragskraft, kundenbezogene Deckungsbeiträge, Kundenbewertung mit Gewichten, Lebenszeitwert = Potenzial der Kunden, Attraktivität des Kunden, Wettbewerb um Massenkunden, relative Wettbewerbsposition, wie wirtschaftlich ist die Geschäftsbeziehung? Kundenscore für die Außendienststeuerung, scheinrationales ABC-Kundenraster, Kundenklassen nach Rentabilität und Bonität.

Im konkreten Einzelfall müssen unterschiedliche Kennzahlen entwickelt werden, mit denen nicht nur kurzfristige sondern auch langfristige, nachhaltige Perspektiven erfasst werden können. D.h. innerhalb eines ganzheitlichen, strategiebezogenen Modells werden betriebswirtschaftliche und nichtfinanzielle Konzepte miteinander gekoppelt. Dabei wird in der Wissensbilanz das nicht direkt greifbare Vermögen dargestellt. Obwohl dieses intellektuelle Kapital nicht direkt greifbar ist, ist es für den zukünftigen wirtschaftlichen Erfolg von entscheidender Bedeutung, d.h. die systematische Steuerung solcher "weichen" Erfolgsfaktoren rückt immer stärker in den Vordergrund. Nachdem es heute weitgehend gelungen ist, Faktoren wie Mitarbeitermotivation, Kundenzufriedenheit u.a. zu systematisieren, besteht ein weiteres Problem darin, auch solche Faktoren wie Innovations- und Wissenspotentiale mit nachvollziehbaren Fakten und Indikatoren zu unterlegen. Dabei haben nicht nur Unternehmen selbst, sondern immer mehr auch externe Gruppen (z.B. potenzielle Kreditgeber, Partner u.a.) ein Interesse an größtmöglicher Transparenz aller Strukturen und Kompetenzen, welche die zukünftige Wertschöpfung nachhaltig beeinflussen könnten.

Mit Erfahrungswissen und Kalkül ein Wissensmanagement der Wahrscheinlichkeiten: mit immer mehr von Big Data schwillt auch die Quantifizierung von Wahrscheinlichkeitskriterien und möglicher Berechnungen hieraus an. Die Frage lautet: können wir unsere Zukunft mit Hilfe einer Wahrscheinlichkeitsrechnung besser erkennen oder gar verstehen lernen? Es zählt schon fast zum Alltag der digitalen Revolution, wenn Algorithmen aus im Netz gesammelten Daten berechnen, was Menschen wahrscheinlich in Zukunft kaufen oder tun werden. Würden Algorithmen die Handlungen von Personen mit Verbrechensstatistiken verknüpfen, könnte es leicht sein, dass dieser oder jener unter Verdacht und Beobachtung gestellt würde: nicht weil jemand dies oder das getan hätte, sondern weil dieser jemand es mit dieser oder jener Wahrscheinlichkeit tun könnte. Im Kern geht es um die Frage: wie berechenbar ist unser Leben? Sehr wahrscheinlich ist: was die Verlässlichkeit freihändiger Ahnungen und Schätzungen anbelangt, scheinen mathematische Verfahren der Wahrscheinlichkeitsrechnung eher im Vorteil und überlegen zu sein. Nüchternes Kalkül ist manchmal besser als Erfahrungswissen: umgekehrt kann auch eine kalt kalkulierte Wahrscheinlichkeitsrechnung in die Irre führen, wenn hierbei zugrunde gelegte empirische Parameter falsch gesetzt wurden. Philosophisch betrachtet könnte man Wahrscheinlichkeit auch als den Grad des Glaubens an die Wahrheit definieren: es gibt auch so etwas wie ein beobachtungsabhängige subjektive Wahrscheinlichkeit. Eines jedoch ist sicher und nicht nur wahrscheinlich: es gibt immer nur ein begrenztes Wissen über die Zukunft.

Der Bekanntheitsgrad von Wissensbilanzen hat sich in den letzten Jahren erhöht: detailliertes Arbeitsprogramm für die Umsetzung

Die Nützlichkeit von umfassenden Wissensbilanzen ist kaum umstritten. Viele besonders kleine und mittlere Unternehmen, die diesen Weg gerne gehen würden, haben zu wenig Informationen und genaue Hinweise darüber, wie dieser im Detail zu gestalten wäre und welche konkrete Nutzenrelation dem zu erwartenden Aufwand gegenüberstehen würde. Die im folgenden Programm angeführten mehreren hundert Detail- Arbeitsschritte (in der Reihenfolge ihres zeitlichen Ablaufes) bieten eine Hilfestellung und Möglichkeit, sich hierzu benötigte Anhaltspunkte mit einem möglichst umfassenden Eindruck und Einblick in abzuarbeitende Schritte zu verschaffen (das Arbeitsprogramm wird in insgesamt ca. 50 Eck- und Meilensteine mit zahlreichen weiteren Unterpunkten untergliedert):

1.
Sich Klarheit über *Sinn, Zweck und genaue Ziele* einer Wissensbilanz verschaffen. Hierbei geht es um die Kernfrage, was man mit der Entwicklung von Wissensbilanzen konkret erreichen will (worin liegen Sinn und Notwendigkeit von Wissenszielen?). In weiteren Einzelschritten hierzu sollten folgende Fragen untersucht und beantwortet werden:
1.1
Will man die eigene Geschäftsstrategie auf den Prüfstand stellen und systematisch überarbeiten? Will man für alle Beteiligten

eine gemeinsame Kommunikationsbasis, ein gemeinsames Problemverständnis schaffen?

1.2
Will man in Kreditgesprächen mit der Hausbank (oder Investoren) zusätzlich zu den finanzorientierten Daten auch immaterielles Vermögen (nachvollziehbar bewertet und quantifiziert) vorzeigen können? Will man dadurch seine Position für die Verhandlung von Kreditkonditionen stärken/verbessern?

1.3
Will man die interne Kommunikation zwischen Entscheidungsträgern, Mitarbeitern unterstützen (internes Berichtswesen)?

1.4
Will man die externe Kommunikation mit Kunden, Lieferanten, Kooperationspartnern u.a. unterstützen?

1.5
Will man den Stellenwert immaterieller Ressourcen identifizieren, bewerten und messen können?

1.6
Will man Stärke und Dauer dynamischer Wirkungsbeziehungen zwischen den qualitativen Einflussfaktoren des Betriebsgeschehens genauer durchleuchten?

1.7
Will man für Maßnahmen mit Hebeleffekten zusätzlich Rückkoppelungs- und Verstärkungseffekte zwischen Einflussfaktoren erklären können?

1.8
Will man das Augenmerk verstärkt auf Potenziale und Verbesserungsmöglichkeiten richten?

1.9
Will man durch die Selbstbewertung von Prozessen, Erfolgsfaktoren u.a. Engagement und Einbindung von Schlüsselpersonen verstärken?

2.
Bildung einer *Arbeitsgruppe*
2.1
Festlegung eines Eignungsprofils für Mitglieder der Arbeitsgruppe.
(verfügen die Mitarbeiter über notwendige Fähigkeiten, um das vorhandene Angebot an aufbereiteter Information erfolgsrelevant zu nutzen? gibt es bereits eine tragfähige Ausgangsbasis für die Umsetzung von Wissensmanagement? wird im Unternehmen die individuelle Kreativität gefördert? handelt es sich insgesamt betrachtet um ein wissensintensives Unternehmen?)
2.2
Entwicklung Grob-Terminplan mit den wichtigsten Eckpunkten.
(gelingt im vorgesehenen Bilanzierungsbereich bereits die Umwandlung von Daten in erfolgsrelevante Informationen oder ertrinkt man statt dessen in einer Informationsflut? welche Wissensbestände werden häufig genutzt und welche seltener?)
2.3
Benennung eines Projektleiters, der die zeitlichen Kapazitäten hat, um ein Wissensbilanz-Projekt optimal betreuen zu können. Das interne Projektteam sollte einen Querschnitt des Unternehmens abbilden.

2.4
Benennung geeigneter Mitglieder (ist bekannt, wo und wie stark die Hebelfähigkeiten des vorhandenen Wissens eingesetzt werden können? wird überprüft, inwieweit Wissensziele erreicht werden? ist transparent, welches Expertenwissen in welcher Form, bei wem und wo im Unternehmen vorhanden ist?).

3.
Beschreibung der **Ausgangssituation** (eine Bestandsaufnahme mit einer sorgfältigen Identifikation und Evaluation kritischer Fähigkeiten ist eine unerlässliche Voraussetzung für das Management der Ressource „Wissen"). Es sollten u.a. folgende Fragen durchdacht und beantwortet werden:

3.1
Wo stehen wir heute? (z.B. in welchem Geschäft sind wir tätig, agieren wir in einem etablierten Markt? wie sieht der Markt für neue, potentielle Mitarbeiter aus? welche Wettbewerber gibt es? wie sieht das soziale Umfeld am Standort des Unternehmens aus?)

3.2
Wo wollen wir hin? (welche Richtung wollen wir kurzfristig, langfristig einschlagen? welche Position soll das Unternehmen am Markt einnehmen? welche Vorstellung haben wir von dem Wissen, das für den Erfolg bestimmend ist?)

3.3
Wo liegen unsere Stärken und Schwächen? (z.B. wie schätzt nach unserer Meinung das Zielpublikum unsere Stärken und Schwächen ein? was hat uns in der Vergangenheit stark gemacht

? erst wenn die eigenen Stärken und Schwächen bekannt sind und diese zu Mitbewerbern ins Verhältnis gesetzt wurden, entsteht eine tragfähige Basis für die Entwicklung von geeigneten Strategien)

3.4
Über welche Potenziale verfügen wir? (welches Wissen wir konkret benötigt, um am Markt erfolgreich zu sein? wie muss das Wissen in Bezug auf Kunden und Wettbewerbsfähigkeit entwickelt werden?)

3.5
Wo liegen für die Zukunft besondere Chancen und Risiken? (z.B. Analyse des Marktvolumens, der Zukunftschancen auf ausgewählten Zielmärkten, der Aktivitäten der Mitbewerber).

4.
Definition und Abgrenzung des **Bilanzierungsbereiches** (auf welche Standorte, Funktionen, Märkte, Prozesse u.a. will man seine Ressourcen konzentrieren)

4.1
Auf welchen Teil, welchen Bereich, welche Funktionen des Unternehmens soll sich die Bilanzierung immaterieller Vermögenswerte beziehen? (z.B. welche Faktoren bestimmen die derzeitige Wettbewerbssituation stärker: Intellektuelles Kapital oder klassische Produktionsfaktoren? welche externen Wissensquellen werden von dem Unternehmen bisher genutzt? werden Leistungserstellungsprozesse auch als Prozesse der Wissensentwicklung gesteuert? wo sind im Unternehmen die Zentren

der Wissensentwicklung? wird kontinuierlich versucht, implizites Wissen auch explizit sichtbar und bewusst zu machen?

4.2
Welche Zeitdauer/Periode soll erfasst und abgedeckt werden? (welches Wissen ist heute und welches morgen entscheidend für Geschäftserfolge? welches sind die besonderen Herausforderungen bei der Definition von Wissenszielen?

5.
Beschreibung des **Geschäftsumfeldes** (das Umfeld fährt mit auf dem Karussell des Wandels, der Blick nach außen ist immer wichtiger als der nach innen: z.B. Wettbewerber, technologische/politische Rahmenbedingungen, soziales Umfeld, aktuelle Wirtschafts- und Konjunkturlage.)

5.1
Wie ist die allgemeine wirtschaftliche Lage, konjunkturelle Entwicklung?

5.2
Wie ist die spezielle Branchen-Situation ? (welche besonderen Trends beobachten wir in unseren Zielmärkten ? wie lange werden wir brauchen, um im Zielmarkt unsere Strategien durchsetzen/umsetzen zu können ? wo entstehen in der Branche neue Technologien oder Managementinnovationen ? in welchen Branchen können wir unser Wissen nutz-/gewinnbringend einsetzen?)

5.3
Wie ist die individuelle Situation? (z.B. in welchem Geschäft sind wir tätig ? agieren wir in einem etablierten Markt? welche Chancen gibt es, um sich am Markt zu verbessern?
5.4
Durchführung einer aktuellen Konkurrenzanalyse (um nicht überrascht zu werden, müssen Mitbewerber ständig beobachtet werden: z.B. wer sind unsere Konkurrenten und welches sind deren besondere Stärken und Schwächen ? welche Branchen entwickeln Wissen, das für unser Geschäftsmodell gefährlich werden könnte?)
5.5
Verwendung des Benchmarking-Verfahrens (welche Unternehmen in der Branche sind „Vor"-denker und welche eher „Nach"-denker ? zu welcher Kategorie zählen wir uns selbst?

6.
Welche **Vision** schwebt uns vor?
Beschreibung einer veränderten Situation, die stark von den augenblicklichen Gegebenheiten abweicht. Es soll eine neue Welt beschrieben werden, die Begeisterung auslösen sollte. Es soll ein Stück gewollte und herbeigesehnte Zukunft beschrieben werden. Meistens wird mit einer Vision etwas angestrebt, was heute noch Seltenheitswert hat und stark von den Intentionen der Mehrheit differenziert. Die Geschäftsstrategien sollen auf einem Fundament von festen Wertvorstellungen ruhen und auch Mitarbeitern ein Gefühl der Sicherheit vermitteln (z.B. wie wollen wir sein? wie soll man uns sehen? warum gibt es uns? wel-

chen Nutzen stiften wir? welche Werte sind es wert, gelebt zu werden? wonach sollen Mitarbeiter ihr Handeln ausrichten? worauf können sich unsere Kunden verlassen?).

6.1
Beschreibung Unternehmens-Leitbild (z.B. Konzentration der Kräfte, Ausbau von Stärken, Abbau von Schwächen, Ausschöpfen von Marktpotenzialen, Existenz- und Wachstumssicherung durch Innovationsstärke, Ausnutzung von Koalitionsmöglichkeiten (Zusammenarbeit, Kooperationen, Kompetenznetzwerke), Beharrlichkeit, Nachhaltigkeit.

6.2
Langfristige Unternehmensplanung (z.B. Systematische Verbesserung der Produktqualität, Effizienzsteigerung der Unternehmensführung, Verbesserung der Mitarbeitermotivation, Steigerung des Marktanteils, Verringerung der Produktentwicklungszeit (time-to-market), Verbesserung Kommunikation, Verbesserung Lieferservice, Verbesserung After-Sales-Service, Verbesserung Liefertreue, flexibles Eingehen auf Kundenwünsche, Verbesserung Informations- und Wissenstransfer mit Kunden/Lieferanten, Verkürzung Auftragsdurchlaufzeit.

7.
Entwicklung/Festlegung der **Geschäftsstrategie** (wie werden unsere Leistungen am Markt angenommen und welche Vertriebsressourcen werden hierfür gebraucht? können wird die Leistungen in dem vom Markt gewünschten Umfang erbringen? lohnt es sich, in den betreffenden Geschäftsfelder Leistungen

anzubieten und wird dadurch der Erfolg des Unternehmens auch langfristig gefördert?)

7.1
Grundsatz: unter günstigen Verhältnissen kann jeder Erfolg haben, unter widrigen Verhältnissen hängen die Erfolgschancen wesentlich von einer guten Strategie ab (eine gute Strategie ist zwar meist einfach, aber nicht so angelegt, dass jeder Konkurrenz sie sofort durchschauen kann.

7.2
Welche Strategien sollen verfolgt werden, um die Vision Wirklichkeit werden zu lassen ? (z.B.: wie kann die Transformation von Potenzial in Leistung sichergestellt werden ? wie lange werden wir brauchen, um unsere Strategien in den Zielmärkten umzusetzen ? welche neuen Produkte/Geschäftsfelder sollen in Zukunft auf-/ausgebaut werden ? welche Bereiche sollen zurückgefahren/ abgeschafft werden?).

8.
Identifikation von Intellektuellem Kapital: wenn etwas (z.B. das „weiche" Marketingkapital) bewertet und/oder gemessen werden soll, muss es zuvor erst einmal identifiziert werden.

8.1
Transparenz schaffen (niemand kann es sich heute noch leisten, dass seine u.U. wertvollen Wissensbestände unentdeckt und damit unbrauchbar bleiben. Wer die Fähigkeiten seiner Mitarbeiter nicht kennt, verpasst auch die Gelegenheit, sie zu nutzen

8.2
Analyse von Ineffizienz aufgrund mangelnder Transparenz (z.B. uninformierte Entscheidungen, Doppelspurigkeiten), Erlangung einer klaren Vorstellung davon, welches Wissen für den Geschäftserfolg von Bedeutung ist. Problemlösungspotenziale durch kollektive/kooperative Nutzung der Wissensbasis erhöhen (isolierte Ressourcen durch ein Geflecht von Fähigkeiten verbinden).

9.
Gliederung, Abgrenzung der Einflussfaktoren in unterschiedliche **Gruppen**, hier:
Geschäftsprozesse, Erfolgsfaktoren, Humankapital, Strukturkapital, Beziehungskapital (was nutzt das Wissen, wenn es nicht wahrgenommen wird ? kann man aus einer Bilanz ablesen, wie sich die Wissensbasis innerhalb der letzten Jahre verändert hat ? oder wie sich die zentralen Kompetenzfelder auf den Geschäftserfolg ausgewirkt haben ?).
9.1
Erfassung der Wechselwirkung zwischen einzelnen Arten des Intellektuellen Kapitals
9.2
Identifizierung des Stellenwertes, der Ausprägung einzelner Faktoren des Intellektuellen Kapitals (wer Kompetenzen aufbauen will, braucht eine angemessene Transparenz seiner kritischen Wissensbestände).

9.3
Zusammenwirken von Geschäftsprozessen und immateriellen Ressourcen (die Krux für Wissen und Intellektuelles Kapital liegt daran, dass man zwar meist gewisse Zielvorstellungen hat, dazu aber keine entsprechende Zielevaluation vergeben wird).
9.4
Die Sicht von außen: was ist ein Unternehmen wirklich wert?
9.5
Die Sicht von innen: wie müssen weiche Faktoren erfolgsbezogen gesteuert werden?

10.
Beschreibung der grundlegenden **Geschäftsprozesse** (Kernprozesse bilden die Wurzel der Wettbewerbsfähigkeit: darauf aufbauend können Kernleistungen entwickelt werden, die wiederum die Basis für die Wettbewerbsstärke/-fähigkeit in bestimmten Geschäftsfelder sind). Beispiele: Leitbild und Unternehmensstrategie, Innovationsmanagement, Customer-Relationship-Management, Marketingcontrolling.
10.1
Beschreibung der zentralen wertschöpfenden Prozesse, Analyse der in einzelnen Prozessschritten anfallenden Tätigkeiten und Nutzen, die sie dem Kunden oder Interessenten bieten, Identifizierung des für jeden Prozessschritt erforderlichen Wissens (z.B. welche Prozesse führen zu Engpässen, Wartezeiten, Reklamationen? welche Prozesse haben das größte Einsparungspotenzial?, welche Prozesse ermöglichen das größte Verbesserungspotenzial bei weiteren Prozessen?

10.2
Beschreibung der zentralen Produkte/-gruppen mit denen das Geld verdient wird

10.3
Beschreibung der wichtigsten Prozess-Kennzahlen (grundsätzlich können Prozesse über die sich gegenseitig beeinflussen Größen Qualität, Kosten und Zeit optimiert werden. Die Prozessoptimierung setzt sich daher aus den Bausteinen Prozesskostenmanagement, Prozessqualitätsmanagement und Prozesszeitmanagement zusammen).

11.
Beschreibung der für die Zukunftsfähigkeit des Unternehmens wichtigsten **Erfolgsfaktoren** (Geschäftserfolge fallen niemals aus dem Nichts eben so vom Himmel: zwar gibt es kein allgemeingültiges Rezept für Geschäftserfolge; wenn man aber genauer hinschaut, lassen sich trotzdem so etwas wie immanent innewohnende Gesetzmäßigkeiten herleiten, die in ihrer logischen Konsequenz immer wieder auf die eigentlichen Ursachen für Geschäftserfolge hinweisen.
Beispiele für Erfolgsfaktoren: Image und Bekanntheitsgrad, Marktattraktivität, Markt- und Konkurrenzposition, Entwicklungspotenziale, Umfeld- und Kundenbeobachtung, Leistungsqualität.

11.1
welches sind die Schlüsselfaktoren für unseren Erfolg ? (z.B. Gewinn, Umsatz, Kundenstruktur, Marktposition, Image, Markenwert)

12.
Strukturierung/Beschreibung des **Humankapitals** nach seinen wichtigsten Einflussfaktoren (alle Eigenschaften/Fähigkeiten, die einzelne Mitarbeiter in das Unternehmen einbringen und die mir ihnen das Unternehmen verlassen würden, z.B. Mitarbeiterqualifikation, soziale Kompetenz, Mitarbeitermotivation).
Beispiele für Humankapitalfaktoren: Unternehmerische Kompetenz, Aus-/Weiter-bildung, Fachqualifikation, Mitarbeiterzufriedenheit/-motivation, Wissensmanagement.

12.1
Definition der 4-5 wichtigsten erfolgswirksamen Humankapital-Faktoren (Wissen manifestiert sich in internen Kommunikationsnetzwerken, dem „Unternehmensgedächtnis"

12.2
Ausführliche Beschreibung der definierten Humankapital-Faktoren (welches Wissen und welche Kompetenzen sind erfolgsrelevant? was müssen Mitarbeiter bei einer Neueinstellung mitbringen? was müssen Mitarbeiter lernen? wie können Kompetenzen der Mitarbeiter gestärkt und systematisch weiterentwickelt werden? wie wird die Mitarbeitermotivation und -zufriedenheit sichergestellt?)

13.
Strukturierung/Beschreibung des **Strukturkapitals** nach seinen wichtigsten Einflussfaktoren (alle Strukturen, die Mitarbeiter für den Geschäftserfolg einsetzen. Strukturkapital ist im Besitz des Unternehmens und bleibt auch beim Verlassen einzelner Mitarbeiter weitgehend bestehen)

13.1
Definition der 4-5 wichtigsten erfolgswirksamen Strukturkapital-Faktoren
Beispiele: Informationssysteme und Softwareanwendungen, Planungs- und Controlling-Tools, Frühwarn- und Risikokontrollsysteme, Standortfaktoren.

13.2
Ausführliche Beschreibung der definierten Strukturkapital-Faktoren (wodurch werden Abläufe und Verfahren festgelegt, transparent gemacht und verbessert ? wie werden Abläufe und Prozesse durch IT unterstützt ? wie werden Innovationen entwickelt ? wie werden die Tätigkeiten an Kunden, Lieferanten und anderen Interessentengruppen ausgerichtet ? wie werden Wissen und Erfahrungen der Mitarbeiter untereinander geteilt ? wie wird das erfolgskritische Wissen genutzt, geteilt, gesichert und geschützt?)

14.
Strukturierung/Beschreibung des **Beziehungskapitals** nach seinen wichtigsten Einflussfaktoren (alle Beziehungen zu externen Gruppen, Personen, z.B. Kundenbeziehungen, Lieferantenbeziehungen, Beziehungen zur Öffentlichkeit, Beziehungen zu Kapitalgebern/Investoren/Eignern/Kooperationspartnern)

14.1
Definition der 4-5 wichtigsten erfolgswirksamen Beziehungskapital-Faktoren

Beispiele: Kunden- und Lieferantenbeziehungen, Kommunikationsbeziehungen, Kompetenznetzwerkbeziehungen, Logistikleistungen.

14.2
Ausführliche Beschreibung der definierten Beziehungskapital-Faktoren (von wem und woher kommt der Umsatz ? von wem kommt das notwendige Kapital ? welche externen Wirkungen sollen bei Kunden, Partnern und der Öffentlichkeit erreicht werden ? wie werden die Kunden die Leistungen vermittelt ? wie werden Partnerschaften mit Kunden/Lieferanten aufgebaut und gepflegt ? was schätzen die Kunden am Unternehmen ? wie werden Kundenwünsche erfasst und zur Leistungsverbesserung genutzt ? von wem bekommt das Unternehmen neues, frisches Wissen ? wie werden externe Wissensquellen verfügbar gemacht ?

15.
Festlegung eines geeigneten **Bewertungsverfahren**, Bewertung auf Grundlage von Fakten anstatt durch Wahrnehmungen.

15.1
Es geht darum etwas zu bewerten, das man nicht mit dem Millimetermaß des Finanzcontrolling angehen kann (herrscht eine quantitativ-finanzorientierte Controlling-Kultur vor oder wurde bereits mit qualitativen Methoden der Erfolgsmessung (Vergabe von Skalen, um qualitative Sachverhalte einer mathematischen Behandlung zuzuführen) gearbeitet?

15.2
Für eine Bewertung benötigt man eine Bezugsgröße, einen Bewertungsmaßstab dafür, ob etwas als eher besser oder eher schlechter anzusehen ist.

15.3
Selbstbewertung: Plattform, um Mitwirkung und Engagement von Schlüsselpersonen anzuregen.

15.4
Fremdbewertung: Grundlage für Eigen-/Fremdbildanalyse, Analyse von Abweichungen.

15.5
QQS-Methode: klar strukturierter Ansatz für Verbesserungsaktivitäten, Grundlage für Analyse von Prioritäten, durchgängig und einheitlich anwendbar für alle Bereiche und Ebenen von Unternehmen, Organisationen u.a.
Jeder Einflussfaktor wird nach den Dimensionen Quantität, Qualität und Systematik/Nachhaltigkeit bewertet:
Quantität = Ist die Quantität/Menge des Faktors ausreichend, um die Ziele zu erreichen?
Qualität = Ist diese richtig und ausreichend, um die Unternehmensentwicklung zu gewährleisten?
Systematik = Gibt es regelmäßige, verbindliche Maßnahmen, um den Einflussfaktor systematisch zu verbessern?

15.6
Festlegung von Bewertungsstufen-es sind folgende Bewertungsstufen zu unterscheiden :

0 % = Die Quantität/Qualität/Systematik des Einflussfaktors kann nicht sinnvoll ermittelt werden oder ist nicht ausreichend vorhanden.
30 % = Die Quantität/Qualität/Systematik des Einflussfaktors ist teilweise ausreichend.
60 % = Die Quantität/Qualität/Systematik des Einflussfaktors ist meistens ausreichend.
90 % = Die Quantität/Qualität/Systematik des Einflussfaktors ist immer (absolut) ausreichend.
120 % = Die Quantität/Qualität/Systematik des Einflussfaktors ist besser oder höher als erforderlich.

16.
Bewertung der definierten Geschäftsprozesse, z.B. Leitbild und Unternehmensstrategie, Innovationsmanagement, Customer-Relationship-Management, Marketingcontrolling:(gibt es ein aktuelles, schriftlich ausformuliertes Leitbild? wurden fundierte, tragfähige Strategien entwickelt? wissen alle Mitarbeiter, was erlaubt und was verboten ist? haben alle Mitarbeiter das gleiche Verständnis der Werte und Normen? gibt es einen leidenschaftlichen, für seine Ideen kämpfenden Champion? gibt es hinreichend viele Personen, die Innovationen aktiv fördern und vorantreiben? sind die Mitarbeiter grundsätzlich offen für neue Wege der Zusammenarbeit? wird der Wert der Kundenbeziehungen ermittelt und quantifiziert? werden Kundensegmentierungen vorgenommen? wird eine u.U. nach innen gerichtete Sichtperspektive konsequent zu einer ganzheitlichen Sicht mit

Blick auf den Wandel von Märkten, Zielgruppen und Bedarfshaltungen von Kunden erweitert?)
16.1
Bewertung o.a. Geschäftsprozesse nach Quantität
16.2
Bewertung o.a. Geschäftsprozesse nach Qualität
16.3
Bewertung o.a. Geschäftsprozesse nach Systematik/Nachhaltigkeit der Weiterentwicklung

17.
Bewertung der definierten Erfolgsfaktoren, z.B. Image und Bekanntheitsgrad, Marktattraktivität, Markt- und Konkurrenzposition, Entwicklungspotenziale, Umfeld- und Kundenbeobachtung, Leistungsqualität: (war den Neukunden das Unternehmen bereits vorher bekannt? gibt es Referenzkunden ? gibt es Wiederhol-Käufer? wie wird das Leistungsprofil des Unternehmens gesehen, wie das der Konkurrenz? welche Qualitäten und Haltungen wollen wir widerspiegeln? welche Botschaften will das Unternehmen an seine Zielgruppen kommunizieren? wie hoch sind die Markteintrittskosten? ist das Unternehmen auf bestimmte Anwendungen spezialisiert? wird systematisch nach Marktlücken/-nischen Ausschau gehalten ? werden alle Entwicklungspotenziale umfassend und detailliert identifiziert? werden die Informationsquellen aktiv erweitert – z.B. Internetrecherchen, Kundenbefragungen, Produkt-Benchmarks ? haben wir sehr gute Kenntnisse über die Spielregeln in unserem Markt ? wird analysiert, wer die für uns besten/richtigen

Kunden sind ? Flexibilität der Leistungserstellung? Verlässlichkeit der Leistungserstellung?)

17.1
Bewertung o.a. Erfolgsfaktoren nach Quantität
17.2
Bewertung o.a. Erfolgsfaktoren nach Qualität
17.3
Bewertung o.a. Erfolgsfaktoren nach Systematik/Nachhaltigkeit der Weiterentwicklung

18.
Bewertung der definierten Humankapital-Faktoren, z.B. Mitarbeiterqualifikation, soziale Kompetenz, Mitarbeitermotivation, unternehmerische Kompetenz, Aus-/Weiterbildung, Fachqualifikation, Mitarbeiterzufriedenheit/-motivation, Wissensmanagement: (ist auf der Funktionsebene der Fachkompetenz das Handwerkzeug von Führungskräften für die Strukturierung und Steuerung von Prozessen vorhanden? weiß die Führungsebene, was „unten" vor sich geht ? ist die Führung strategisch verankert? wird Kritik (als erwünscht) zugelassen? wird Kritik von außen wahrgenommen? Ist die Sozialkompetenz ein wesentliches Element der Führung? Liegen abgestimmte Weiterbildungspläne vor?

Wird die Umsetzung des Gelernten in die praktische Arbeit überwacht ? Wird die Zufriedenheit und die Motivation der Mitarbeiter als eine bestimmende Variable für den Geschäftserfolg angesehen ? Wird die Verantwortung zwischen den Bereichen,

Funktionen angemessen verteilt ? Ist die Führung konsequent auf Unternehmensziele ausgerichtet ? Sind Erfahrungen und aktuelles Grundwissen zu Fragen der Strategie ausreichend verfügbar ? Werden Kompetenzen und Potenziale der Mitarbeiter optimal eingesetzt und ausgeschöpft ?

18.1
Bewertung o.a. Humankapital-Faktoren nach Quantität
18.2
Bewertung o.a. Humankapital-Faktoren nach Qualität
18.3
Bewertung o.a. Humankapital-Faktoren nach Systematik/Nachhaltigkeit der Weiterentwicklung

19. Bewertung der definierten Strukturkapital-Faktoren, z.B. Informationssysteme und Softwareanwendungen, Planungs- und Controlling-Tools, Frühwarn- und Risikokontrollsysteme, Standortfaktoren: (gibt es Customer Centric Computing ? Werden Informationen für Decision Support aufbereitet ? gibt es Prognose- und Risikoerkennungsfunktionen ? werden Umfeldinformationen integriert ? Werden soft factors verarbeitet ? Gibt es Potenzialanalysen ? Werden interne mit externen Daten kombiniert ? Werden Risikofaktoren möglichst vollständig identifiziert ? Werden Risiken bewertet und quantifiziert ? Können Frühwarnsignale erzeugt werden ? Wurde ein System der Standortfaktoren entwickelt ? Wurde eine Rangfolge der Standortfaktoren aufgestellt ? Wurden die einzelnen Standortfaktoren mit ihren jeweiligen Determinanten gewichtet und in

eine Punktebewertung einbezogen ? Wurden zu untersuchende Standortalternativen definiert ? Ist ein Vergleich der möglichen Standortanforderungen mit den Standortbedingungen ausgesuchter möglicher Standorte durch Bewertungsmodelle, Nutzungswertanalysen oder Profilmethoden durchgeführt worden ?
19.1
Bewertung o.a. Strukturkapital-Faktoren nach Quantität
19.2
Bewertung o.a. Strukturkapital-Faktoren nach Qualität
19.3
Bewertung o.a. Strukturkapital-Faktoren nach Systematik/Nachhaltigkeit der Weiterentwicklung

20.
Bewertung der definierten Beziehungskapital-Faktoren, z.B. Kundenbeziehungen, Lieferantenbeziehungen, Beziehungen zur Öffentlichkeit, Beziehungen zu Kapitalgebern/Investoren/Eignern/ Kooperationspartnern: (Management Customer Retention, Analyse der Wechsel- und Abwanderungswahrscheinlichkeit von Kunden ? Kundenbezogene Deckungsbeitragsrechnung ? Systematische Analyse der Kundenzufriedenheit ? Ermittlung eines Lieferanten-Score ? Wie groß ist die Gruppe, die von dem Unternehmen mit einer faszinierenden Botschaft erreicht wird ? Welchen Erfolg haben die Kommunikationsbemühungen ? Was zeichnet die Botschaften aus, denen es gelingt, eine vernünftige Zustimmung zu erzielen ? wird von der „ersten Garnitur" des Unternehmens eine erfolgreiche Pressearbeit geleistet ? Kennen Sie die internen Experten

Ihres Unternehmens, können diese leicht kontaktiert werden ? Treffen Sie häufig auf Wissenslücken ? Verfügt das Unternehmen über persönliche Beziehungen zu Wissensträgern/-anbietern ? gibt es ein Logistikcontrolling, wie ist es ausgeprägt ? Ist die Logistikkette transparent ? Ist die Logistik in die strategische Planung integriert ? Kennen Sie die Logistikleistung Ihres Unternehmens ?

20.1
Bewertung o.a. Beziehungskapital-Faktoren nach Quantität

20.2
Bewertung o.a. Beziehungskapital-Faktoren nach Qualität

20.3
Bewertung o.a. Beziehungskapital-Faktoren nach Systematik/Nachhaltigkeit der Weiterentwicklung

21.
Entwicklung, Festlegung und Zuordnung von geeigneten **Indikatoren** (welche Merkmale sind zur Beschreibung von Einflussfaktoren geeignet ? welche Kennzahlen werden bereits ermittelt/ausgewertet ? liegen bereits Zeitreihen vor ?)

21.1
Die Einflussfaktoren werden mit absoluten oder relativen Kennzahlen (werden immer gleich berechnet, müssen eindeutig definiert sein) belegt.

21.2
Definition von Indikatoren: aussagekräftiger Name, Berechnungsvorschrift, Datenquelle, Maßeinheit, Ist-Wert.

21.3
Interpretationsrahmen: z.B. poor, average, good, outstanding
21.4
Festlegung von Wertebereichen: z.B. teils-teils, gut

22.
Messung/Indikatoren der definierten Geschäftsprozesse
22.1
Analyse bereits verwendeter geschäftsprozessbezogener Indikatoren
22.2
Zuordnung zusätzlicher (ggf. neu entwickelter) Geschäftsprozess-Indikatoren (beispielsweise: Bekanntheitsgrad Leitbild intern, Bekanntheitsgrad Leitbild extern, Identifikationsgrad Leitbild intern, Identifikationsgrad Leitbild extern, Akzeptanzgrad Leitbild extern, Wirkungsgrad Leitbild intern, Wirkungsgrad Leitbild extern, Liquiditätsreserve in Tagen, Langfristiger Verschuldungsgrad, Eigenkapitalrendite, Gesamtkapitalumschlag, mittlere Inkassoperiode in Tagen, Marktanteil, Marktausschöpfung-Indikator, Innovationsstärke, Time-to-market, Life-cycle-Indikatoren, Innovationsintensität, F+E-Intensität, Innovationsrate, Erlös je Auftrag, Deckungsbeitrag pro Kunde, Potentialausschöpfung, Erfolgsquote, Neukundengewinnung, Penetrationsindex, Rücklauf-Quote, Kunden-Aktivquote, Verhältnis gewinnbringender Kunden, Durchschnittdauer Kundenbeziehung)

22.3
Festlegung einer Berechnungsvorschrift für jeden den Geschäftsprozessen zugeordneten Indikator

22.4
Angabe der Datenquelle für die Berechnung des jeweiligen Geschäftsprozess-Indikators

22.5
Angabe der verwendeten Geschäftsprozess-Indikator-Maßeinheiten

22.6
Angabe des jeweils ermittelten Geschäftsprozess-Indikator-Ist-Wertes

22.7
Angabe des Interpretationsrahmens für jeden den Geschäftsprozessen zugeordneten Indikator

22.8
Angabe des quantitativen Wertebereiches für jeden den Geschäftsprozessen zugeordneten Indikator

23.
Messung/Indikatoren der definierten Erfolgsfaktoren

23.1
Analyse bereits verwendeter erfolgsfaktorenbezogener Indikatoren

23.2
Zuordnung zusätzlicher (ggf. neu entwickelter) Erfolgsfaktor-Indikatoren

(beispielsweise: Grad der Etabliertheit, Zufriedenheit mit Unternehmen und Vorgesetzten, Break-even-point Direktwerbung, Anteil Referenzkunden, Anteil Nachfolgeaufträge, Informationsveranstaltungen, Seminare-Präsentationen, Anzahl Fachpublikationen, Bekanntheitsgrad, Imagegrad, Marktwachstum, Marktgröße, Wettbewerbssituation, Eintrittsbarrieren, Freispielräume, Entwicklung des Marktanteils, relativer Marktanteil, Preisspielräume, Umsatzrendite, Kapitalumschlag, Economic Value Added EVA, ROCE – Rendite auf eingesetztes Kapital, Reklamationsquote, Einhaltung Liefertermine, Lieferqualität, Liefertreue, Lieferzeit, Terminflexibilität, Spezifikationsflexibilität)

23.3
Festlegung einer Berechnungsvorschrift für jeden den Erfolgsfaktoren zugeordneten Indikator

23.4
Angabe der Datenquelle für die Berechnung des jeweiligen Erfolgsfaktor-Indikators

23.5
Angabe der verwendeten Erfolgsfaktor-Indikator-Maßeinheiten

23.6
Angabe des jeweils ermittelten Erfolgsfaktor-Indikator-Ist-Wertes

23.7
Angabe des Interpretationsrahmens für jeden den Erfolgsfaktoren zugeordneten Indikator

23.8
Angabe des quantitativen Wertebereiches für jeden den Erfolgsfaktoren zugeordneten Indikator

24. Messung/Indikatoren der definierten Humankapital-Faktoren

24.1
Analyse bereits verwendeter humankapitalbezogener Indikatoren

24.2
Zuordnung zusätzlicher (ggf. neu entwickelter) Humankapital-Indikatoren (beispielsweise: Zufriedenheit mit Unternehmen und Vorgesetzten, Pressekonferenzen pro Jahr, Kritikfähigkeit, Durchsetzungsvermögen-verständliche Anweisungen und Aufgabenübertragungen, Mitarbeitergespräche, Überzeugungs- und Argumentationsstärke, Weiterbildungszeit pro Mitarbeiter, Weiterbildungsrendite/-faktor, Struktur der Weiterbildungsmaßnahmen, Struktur der Prüfungsergebnisse, Fluktuationsrate, Quote der effektiven Arbeitszeit, Krankheits-Ausfallquote, Zufriedenheit mit Arbeit und beruflichen Anforderungen, Zufriedenheit mit Gehalt und Nebenleistungen, Zufriedenheit mit persönlicher Weiterentwicklung, Motivator motiviert Team/Mitarbeiter, Identifikation Intellektuelles Kapitals)

24.3
Festlegung einer Berechnungsvorschrift für jeden den Humankapital-Faktoren zugeordneten Indikator

24.4

Angabe der Datenquelle für die Berechnung des jeweiligen Humankapital-Indikators

24.5

Angabe der verwendeten Humankapital-Indikator-Maßeinheiten

24.6

Angabe des jeweils ermittelten Humankapital-Indikator-Ist-Wertes

24.7

Angabe des Interpretationsrahmens für jeden den Humankapital-Faktoren zugeordneten Indikator

24.8

Angabe des quantitativen Wertebereiches für jeden den Humankapital-Faktoren zugeordneten Indikator

25.
Messung/Indikatoren der definierten Strukturkapital-Faktoren

25.1

Analyse bereits verwendeter strukturkapitalbezogener Indikatoren

25.2

Zuordnung zusätzlicher (ggf. neu entwickelter) Strukturkapital-Indikatoren (beispielsweise: Systemverfügbarkeit, IT-Investitionsgrad, IT-Durchdringung, Planung der Prozesse nach Werterhaltungs- und –steigerungspotenzialen, Planung mit Portfolio-Instrumenten, Liquiditäts- und Cash Flow-Planung, Korrelations- und Regressionsanalysen, Cluster-Analysen, Segmentierungsinstrumente für Datenbestände, Umweltbilanz mit Kennzahlen, Mikrogeographische Analyseinstrumente, 360-Grad Umfeldradar, Identifikationsgrad Risikofaktoren, Beobachtungsgrad Frühwarnsignale, Anteil „weicher" Steuerungsfaktoren, Arbeitskostenbelastung, Steuerquote, Arbeitskräfte-Verfügbarkeit, Bevölkerungsanteil Jugend, Bevölkerungsanteil Alter, Kaufkraft Privathaushalte, Autobahnnähe, Flughafennähe, Wohnqualität, Grundstückspreise, Kriminalität)

25.3
Festlegung einer Berechnungsvorschrift für jeden den Strukturkapital-Faktoren zugeordneten Indikator

25.4
Angabe der Datenquelle für die Berechnung des jeweiligen Strukturkapital-Indikators

25.5
Angabe der verwendeten Strukturkapital-Indikator-Maßeinheiten

25.6
Angabe des jeweils ermittelten Strukturkapital-Indikator-Ist-Wertes

25.7
Angabe des Interpretationsrahmens für jeden den Strukturkapital-Faktoren zugeordneten Indikator

25.8
Angabe des quantitativen Wertebereiches für jeden den Strukturkapital-Faktoren zugeordneten Indikator

26.
Messung/Indikatoren der definierten Beziehungskapital-Faktoren

26.1
Analyse bereits verwendeter beziehungskapitalbezogener Indikatoren

26.2
Zuordnung zusätzlicher (ggf. neu entwickelter) Beziehungskapital-Indikatoren (beispielsweise: Marktanteils- und Marktausschöpfungsindikator, Eintrittsbarrieren, Intensität der Kundenbetreuung, Spezifikationsflexibilität, Pressekonferenzen, Presse-Mitteilungen, Messe-Teilnahmen, Verfügbarkeit Expertenwissen für Wissenslücken, Kontakte zu externen Wissensträgern, Absorptions- und Integrationsfähigkeit, Teilnahme an Innovationskooperationen, Lieferzeit, Lieferqualität, Termin- und Spezifikationsflexibilität)

26.3
Festlegung einer Berechnungsvorschrift für jeden den Beziehungskapital-Faktoren zugeordneten Indikator

26.4
Angabe der Datenquelle für die Berechnung des jeweiligen Beziehungskapital-Indikators

26.5
Angabe der verwendeten Beziehungskapital-Indikator-Maßeinheiten

26.6
Angabe des jeweils ermittelten Beziehungskapital-Indikator-Ist-Wertes

26.7
Angabe des Interpretationsrahmens für jeden den Beziehungskapital-Faktoren zugeordneten Indikator

26.8
Angabe des quantitativen Wertebereiches für jeden den Beziehungskapital-Faktoren zugeordneten Indikator

27.
Festlegung, Messung der **Wirkungsstärke** zwischen zwei unterschiedlichen Einflussfaktoren (Einfluss eines Faktor jeweils paarweise auf einen anderen)

27.1
Bestimmung der Wirkungsstärke nach Stufen:
0 = keine Wirkung
1 = schwache Wirkung
2 = mittlere Wirkung
3 = starke Wirkung

27.2
Ermittlung einer Aktivsumme (pro Faktor) = Stärkemaß, in dem ein bestimmter Faktor eine Wirkung auf das Gesamtsystem aller anderen Faktoren ausübt

27.3
Ermittlung einer Passivsumme (pro Faktor) = Maß, in dem ein bestimmter Faktor seinerseits vom Gesamtsystem aller anderen Faktoren beeinflusst wird.

28.
Bestimmung der Wirkungszeiträume, **Wirkungsdauer** zwischen Einflussfaktoren

28.1
Bestimmung der Dauer, bis die Veränderung eines Faktors auf einen anderen Faktor wirkt nach Stufen:
a = sofort
b = kurzfristig (max. 12 Monate)
c = mittelfristig (max. 24 Monate)
d = langfristig (mehr als 24 Monate)

29.
Erstellung **Einflussfaktoren-Portfolio nach Quantität**, grafische Darstellung der Quantität-Ist-Werte als Bubble-Diagramm. Die Größe der Bubbles soll anzeigen, ob die Menge des Einflussfaktors ausreichend ist und ob genug Menge da ist, um die Ziele zu erreichen. Erstellung des Quantität-Portfolios mit Hilfe eines quantitativen Einflussfaktoren-/Auswahlfilters nach
29.1
quantitativen Geschäftsprozessen und/oder
29.2
quantitativen Erfolgsfaktoren und/oder
29.3
quantitativen Humankapitalfaktoren und/oder
29.4
quantitativen Strukturkapitalfaktoren und/oder
29.5
quantitativen Beziehungskapitalfaktoren

30.
Erstellung **Einflussfaktoren-Portfolio nach Qualität**, grafische Darstellung der Qualität-Ist-Werte als Bubble-Diagramm. Die Größe der Bubbles soll anzeigen, ob die Qualität des Einflussfaktors ausreichend ist und ob man die richtige Qualität hat, um die Ziele zu erreichen. Erstellung des Qualität-Portfolios mit Hilfe eines qualitativen Einflussfaktoren-/Auswahlfilters nach
30.1
qualitativen Geschäftsprozessen und/oder
30.2
qualitativen Erfolgsfaktoren und/oder
30.3
qualitativen Humankapitalfaktoren und/oder
30.4
qualitativen Strukturkapitalfaktoren und/oder
30.5
qualitativen Beziehungskapitalfaktoren

31.
Erstellung **Einflussfaktoren-Portfolio nach Systematik/Nachhaltigkeit**, grafische Darstellung der Systematik-Ist-Werte als Bubble-Diagramm. Die Größe der Bubbles soll anzeigen, ob es systematische, regelmäßige Maßnahmen und Verfahren gibt, um den Einflussfaktor weiter zu verbessern. Erstellung des Systematik-Portfolios mit Hilfe eines systematik-/ nachhaltigkeitsbezogenen Einflussfaktoren-/Auswahlfilters nach

31.1
systematisch/nachhaltig weiterentwickelten Geschäftsprozessen und/oder
31.2
systematisch/nachhaltig weiterentwickelten Erfolgsfaktoren und/oder
31.3
systematisch/nachhaltig weiterentwickelten Humankapitalfaktoren und/oder
31.4
systematisch/nachhaltig weiterentwickelten Strukturkapitalfaktoren und/oder
31.5
systematisch/nachhaltig weiterentwickelten Beziehungskapitalfaktoren

32.
Erstellung eines **Qualität-/Quantität-/Systematik Ampel-Balkendiagramms,** für jeweils eine (alternativ) der 5 Einflussfaktoren-Gruppen soll mit allen drei Bewertungsdimensionen (d.h. Quantität, Qualität, Systematik) gleichzeitig als Balkendiagramm dargestellt werden (für jeweils einen Einflussfaktor sollen die Balken aller drei Bewertungsdimensionen direkt übereinander liegen), in dem die Balkenlänge die jeweiligen Prozentangaben der Ist-Bewertungen darstellt:
32.1
Geschäftsprozesse, oder

32.2
Erfolgsfaktoren, oder
32.3
Humankapitalfaktoren, oder
32.4
Strukturkapitalfaktoren, oder
32.5
Beziehungskapitalfaktoren

33.
Erstellung eines **Ampel-Profildiagramms** für alle Einflussfaktoren (d.h. Geschäftsprozesse, Erfolgsfaktoren, Humankapitalfaktoren, Strukturkapitalfaktoren und Beziehungskapitalfaktoren) nach
33.1
Quantität, oder
33.2
Qualität, oder
33.3
Systematik, Nachhaltigkeit

34.
Darstellung des Entwicklungspotenzials der einzelnen Einflussfaktoren als **Potenzial-Portfolio** mit 4 Quadranten: a) „Analysieren"-Quadrant zur Einordnung der Faktoren mit geringem Einflussgewicht und niedriger Bewertung, b) „Entwickeln"-Quadrant zur Einordnung der Faktoren mit starkem Einflussgewicht und niedriger Bewertung, c) „Stabilisieren"-Quadrant zur

Einordnung der Faktoren mit starkem Einflussgewicht und hoher Bewertung und d) „Kein-Handlungsbedarf"-Quadrant zum Einordnen der Faktoren mit geringem Einflussgewicht und hoher Bewertung.

Abbildung des Mittelwertes aus den Bewertungen von Quantität, Qualität und Systematik/Nachhaltigkeit auf der x-Achse (= Abbildung des durchschnittlichen Verbesserungspotentials eines Faktors: je weiter links ein Faktor steht, desto schlechter seine Bewertung, desto größer somit sein Verbesserungspotential). Abbildung des Einflussgewichts (=Wirkungsstärke auf das Gesamtsystem) eines Einflussfaktors auf der y-Achse (je weiter oben ein Faktor steht, desto größer ist seine Wirkung im Gesamtsystem. Erstellung eines Potenzial-Portfolios für

34.1
Geschäftsprozesse, und/oder

34.2
Erfolgsfaktoren, und/oder

34.3
Humankapitalfaktoren, und/oder

34.4
Strukturkapitalfaktoren, und/oder

34.5
Beziehungskapitalfaktoren

35.
Erstellung eines graphischen **Wirkungsnetzes** zwischen den Einflussfaktoren.

35.1
Über die netzförmige Darstellung sollen wechselseitige Abhängigkeiten zwischen Einflussfaktoren dargestellt und identifiziert werden können (der Einfluß eines Faktors auf einen anderen soll durch Verbindungslinien dargestellt werden, die Dicke der Verbindungslinie soll die jeweilige Stärke der Wirkung abbilden, die unterschiedlich starken Verbindungslinien sollen mit der jeweiligen Stufe der Wirkungsdauer a,b,c,d gekennzeichnet werden).
35.2
Wirkungsnetzanalyse: wo liegen die Quellen der Dynamik des Unternehmens ? wo können Energien am besten in Geschäftserfolg umgesetzt werden ? wo liegen interne Risiken, wie wirken sich Veränderungen von Einflussfaktoren aus ?

36.
Durchleuchtung von **Wirkungs-Rückkoppelungseffekten,** Effekten der gegenseitigen Verstärkung **(Wirkungsschleifen),** Analyse von Verknüpfungen,
36.1
Erstellung einer Wirkungs-Generatorenliste (welche Prozesse und Faktoren beeinflussen sich gegenseitig, d.h. verstärken sich oder schwächen sich ab ? auf welche Ursache-Wirkungs-Netzwerke soll man sich besonders konzentrieren ?
36.2
Identifizierung von Einflussfaktoren, mit denen über Hebel- und Verstärkungseffekte besonders effektiv Veränderungen bewirkt werden können.

37.
Erstellung einer **Übersicht zu Ausgangssituation** und Daten der aktuellen Berichtsperiode: Bilanzierungsbereich, Geschäftsumfeld, Vision und Strategie.

38.
Erstellung einer **Übersicht zu allen in der Berichtsperiode aktiven Einflussfaktoren** (Geschäftsprozesse, Erfolgsfaktoren, Humankapitalfaktoren, Strukturkapitalfaktoren, Beziehungskapitalfaktoren)

39.
Erstellung einer **Bewertungsübersicht** zu allen aktiven Einflussfaktoren hinsichtlich ihrer Quantität, Qualität und Systematik/Nachhaltigkeit.

40.
Erstellung einer **Übersicht zu allen aktiven Indikatoren** mit ihren Bezeichnungen, Berechnungsvorschriften und Maßeinheiten

41.
Erstellung einer **Übersicht zur Quantität-/Qualität-/Systematik-/Nachhaltigkeit-Bewertung** aller aktiven Einflussfaktoren sowie zu den auf diese zugeordneten Indikatoren.

42.
Grundsätzlich **Kriterien für die Entwicklung von Maßnahmen,** diskutieren ob Maßnahmen sinnvoll sind, Namen und Ziele von Maßnahmen notieren, beschreiben wie man vorgehen wird, Dauer der Maßnahme definieren, Bestimmen wann die Maßnahme umgesetzt werden soll, Wirkung der Maßnahme einschätzen und beschreiben, Verantwortlichen benennen, Ressourcen festlegen.

42.1
Ist-Werte und Indikatoren betrachten: in welchen Bewertungsdimensionen soll die Maßnahme schwerpunktmäßig greifen?
mit welchen Indikatoren ist dieser Aspekt am besten zu messen?

42.2
Soll-Werte für Quantität, Qualität und Systematik definieren. Betroffene Einflussfaktoren notieren: überlegen, welchen Einflussfaktoren die eben definierte Maßnahme auch noch zugeordnet werden kann. Dabei auch an Generatoren, d.h. sich selbst verstärkende Regelkreise, denken. Alle Einflussfaktoren notieren, die auch von dieser Maßnahme betroffen sind.

42.3
Systematische und einheitliche Strukturierung von Maßnahmen
Name der Maßnahme: der Maßnahme einen sprechenden Titel geben
Ziel/Ergebnis: welche wesentlichen Ziele werden verfolgt?
Vorgehen: was ist zu tun? In welcher Reihenfolge sollten welche Schritte umgesetzt werden?

Dauer (in Monaten): Für welchen Zeitraum ist die Maßnahme angesetzt? Wann soll das Ziel erreicht sein?
Status: in Planung/in Bearbeitung/abgeschlossen
Start: wann wird angefangen?
Wirkungsprognose: Welche Auswirkungen innerhalb des Intellektuellen Kapitals sind zu erwarten? Was bewirkt die Maßnahme direkt/indirekt?
Verantwortlich/Ressourcen: Wer ist für die Umsetzung und die Zielerreichung verantwortlich? Wer arbeitet mit?
Einflussfaktoren: auf welche Einflussfaktoren soll die Maßnahme wirken ? Wie sind diese aktuell bewertet (QQS)?
Indikatoren: mit welchen Kennzahlen können die angestrebten Veränderungen am besten gemessen und überwacht werden? Welche Soll-Werte müssen die Indikatoren annehmen, um das Ziel zu erreichen?

43.
Entwicklung von **Maßnahmen für Geschäftsprozesse,** beispielsweise: Benchmarking, Leitbild überarbeiten und vertiefen, Strategieplanung verbessern und ausbauen, Szenario (was-wäre-wenn ?)-Analysen, SWOT-Analyse, Krisenmanagement optimieren, Portfolio-Analyse, Impact-Matrix, Kostenmanagement von Geschäftsprozessen, Balanced Scorecard-Unternehmenssteuerung (BSC), Wertmanagement, Unternehmenszielsystem verbessern, strategische IT-Planung, strategische Kostenplanung, Analyse der Cost-Driver, Target Costing - marktorientiertes Zielkostenmanagement, Proaktives Change-Management, Innovationsprozesse optimieren, Amortisations-Payback-

Rechnung, Cash-Inflow-Prognoserechnung, Zukunftsaussichten mit Lebenskurve, Wegweiser Break-even-Diagramm, Innovationsinstrument Wertanalyse, Lebenszyklus-Finanzrechnung, Internetportal „Innoscore" Innovations-Benchmarking, Optimierung der CRM-Prozesse, Auswertung von Kaufkraft- Kennziffern, Auftragsanalyse, Verbesserung der Qualität von Adressdaten, Kostenkalkulation für die Anmietung von Fremdadressen, Direktwerbung, Aufbau eines Markt-Informations-systems, Marktattraktivität-Produktstärke-Analyse, Segmentanalyse, Schaffung von Kundenloyalität. Für jede o.a. Geschäftsprozess-Maßnahme detaillierte Beschreibung von

43.1
Ziel/Ergebnis
43.2
Vorgehen
43.3
Dauer (in Monaten)
43.4
Status (in Planung, in Bearbeitung, abgeschlossen)
43.5
Wirkungsprognose
43.6
Entwicklungsziel

44.
Entwicklung von **Maßnahmen für Erfolgsfaktoren,** beispielsweise:

Fremdbild- und Eigenbildanalyse, Analyse Werbeträgerdaten, Reputationsmanagement verbessern, Frühwarnsystem aufbauen, Analyse Marktanteil und –ausschöpfung, Bestimmung von Marktattraktivität und Wettbewerbsposition, Konkurrenzanalyse, Kaufkraftanalyse, Recherche Unternehmensregister im Internet, Branchenanalyse, Umfeldbeobachtung, Economic Value Added EVA, Return on Capital Employed ROCE, Potentialanalyse, Außenorientierung der Unternehmensplanung, Servicequalität-Management Cockpit, Optimierung/Verkürzung Durchlaufzeit, Qualitäts-Reifegradkonzept, Management der Ressource „Zeit".

Für jede o.a. Erfolgsfaktoren-Maßnahme detaillierte Beschreibung von

44.1

Ziel/Ergebnis

44.2

Vorgehen

44.3

Dauer (in Monaten)

44.4

Status (in Planung, in Bearbeitung, abgeschlossen)

44.5

Wirkungsprognose

44.6

Entwicklungsziel

45.
Entwicklung von **Maßnahmen für Humankapitalfaktoren,** beispielsweise:
Kernkompetenzen sichern/ausbauen, Personalauswahl und -integration verbessern, Chef-Kennzahlen optimieren, Professional Development und Leadership forcieren, Managementtechniken der Entscheidungsfindung, Business Intelligence Konzepte einführen, Personalcontrolling optimieren, Zeitmanagement verbessern, Fachqualifikation erweitern, Bewertung des Weiterbildungs-Outputs, Analyse des Qualifikationsbedarfs, Employer Branding, Effektives Teamworking, Mitarbeiterbefragung durchführen, Analyse der Fehl- und Ausfallzeiten, Fluktuationsanalyse, Diversity Management.
Für jede o.a. Humankapitalfaktoren-Maßnahme detaillierte Beschreibung von
45.1
Ziel/Ergebnis
45.2
Vorgehen
45.3
Dauer (in Monaten)
45.4
Status (in Planung, in Bearbeitung, abgeschlossen)
45.5
Wirkungsprognose
45.6
Entwicklungsziel

46.
Entwicklung von **Maßnahmen für Strukturkapitalfaktoren,** beispielsweise:
IT strategisch planen, Kosten-Nutzen-Analyse der IT, CRM-Softwareanwendungen, Collaborative Geschäftsprozesse, Prozessmanagement, Data Mining-Prozesse nutzen, IT-Wirtschaftlichkeit, Informationsmanagement, Granularität – Aggregationsgrad der Daten festlegen, „Rebalancing" der Informationsstruktur, Grad der Abdeckung von Problemfeldern, Tools mit EIS-Funktion, Tools mit DSS-Funktion, Kennzahlen-Instrumente verbessern, Risikokontrolle ausbauen, Kultur der Risikobereitschaft fördern, Liquiditätssicherung, Erfassung von Frühwarnsignalen, Risikostrukturanalyse, Vergleich potentieller Standorte.
Für jede o.a. Strukturkapitalfaktoren-Maßnahme detaillierte Beschreibung von
46.1
Ziel/Ergebnis
46.2
Vorgehen
46.3
Dauer (in Monaten)
46.4
Status (in Planung, in Bearbeitung, abgeschlossen)
46.5
Wirkungsprognose
46.6
Entwicklungsziel

47.
Entwicklung von **Maßnahmen für Beziehungskapitalfaktoren,** beispielsweise: Kundenbeziehung/-bindung verstärken, Informationsanalyse der Lieferantenbeziehungen, Kundenwert-Geschäftsbeziehungen, Analyse der Markentreue, Outsourcing-Beziehungspflege, Lieferantenkooperation-Leistungstiefe, Lieferantenscore, Erfolgspotenzial Einkauf aktiv ausschöpfen, Kommunikationsbeziehungen ausbauen/bewerten, Werbeträger-Optimierungsrechnungen, mit Öffentlichkeitsarbeit Vertrauen schaffen, Anzahl/Qualität Press-Mitteilungen steigern, Pressegespräche intensivieren, Präsentationstechnik verbessern, Kompetenznetzwerk ausbauen, Analyse Innovations-Cluster, Recherche in Förder-Datenbank, Informationsbeschaffungsverhalten intensivieren, Forschungs- und Entwicklungskooperationen, Logistik-Benchmarking, Global Purchasing, Optimierung der Logistikkette.Für jede o.a. Beziehungskapitalfaktoren- Maßnahme detaillierte Beschreibung von
47.1
Ziel/Ergebnis
47.2
Vorgehen
47.3
Dauer (in Monaten)
47.4
Status (in Planung, in Bearbeitung, abgeschlossen)
47.5
Wirkungsprognose

47.6
Entwicklungsziel

48.
Erstellung einer **Übersicht zu allen definierten Maßnahmen** (einschl. Details)

49.
Erstellung der **Wissensbilanz-Einleitungstexte** zum Kapitel
49.1
Geschäftsprozesse
49.2
Erfolgsfaktoren
49.3
Humankapitalfaktoren
49.4
Strukturkapitalfaktoren
49.5
Beziehungskapitalfaktoren

50.
Zusammenfassung und **Fazit** aller Auswertungen
(welcher messbare Nutzen kann mit Hilfe der Wissensbilanz realisiert werden? welche Ziele können/sollen mit der Wissensbilanz realisiert werden? wer sind wir? welche zentralen Leistungen erbringen wir? was zeichnet unsere Mitarbeiter aus? was haben wir an besonderen immateriellen Vermögenswerten vorzuweisen? in welche Netzwerke sind wir eingebunden? wel-

che Strategien verfolgen wir und was unternehmen wir, um sie umzusetzen? welche Defizitbereiche haben wir erkannt und welche Verbesserungen wollen wir in nächster Zukunft in diesen Bereichen umsetzen?)

50.1
Interpretation der wichtigsten Analyseergebnisse

50.2
Zusammenfassung der Faktoren mit dem größten Verbesserungspotenzial und dem größten Einfluss im Geschäftsmodell (vor allem Visualisierungen mit Interpretationstexten sind gut für die Zusammenfassung von Bewertungen geeignet)

51.
Ausblick, u.a. mit

51.1
Zusammenfassung der eingeleiteten Maßnahmen (sind die notwendigen Voraussetzungen für ein erfolgreiches Wissensbilanz-Projekt erfüllt ? an welchen Voraussetzungen für die Wissensbilanzierung muss noch gearbeitet werden ?)

51.2
Zusammenfassung der erwarteten Entwicklungen (welche Erfolgsaussichten sind aus dem Projekt „Wissensbilanzierung" zu erwarten ?)

51.3
Proaktives Change Management (Bereitschaft zur Veränderung von Spielregeln, fester Wille zur Veränderung, nicht nur zur Verbeseerung)

52.
Individuelle, zielgruppenorientierte **Auswahl von Bilanzinhalten** (beispielsweise kann für externe Zielgruppen eine kleinere Vision sinnvoll sein:
a) Wissensbilanz als internes Managementinstrument (aufzeigen, wie wichtig immaterielle Vermögenswerte für den Geschäftserfolg sind, mit welchen Unwägbarkeiten, Zeithorizonten, Veränderungen bei deren Entwicklung zu rechnen ist.
b) Wissensbilanz als externes Berichtsinstrument (Verbesserung der Kommunikation mit dem Geschäftsumfeld, Abbau von Informationsdefiziten bei externen Zielgruppen, mehr und qualitativ bessere Informationen zu Zukunfts- und Innovationsfähigkeiten des Unternehmens bereitstellen).

Kreditgebern kann über die Auswahl geeigneter Indikatoren ein nachvollziehbares und glaubwürdiges Zahlen-/Skalenwerk vorgelegt werden) beispielsweise über einen Auswahl-Filter nach:
52.1
Vorwort, Einleitung (wer sind wir? was wollen wir erreichen? was haben wir und wie gut sind wir? wie sehen wir Intellektuelles Kapital als erfolgsrelevante Ressource?)und/oder
52.2
Ausgangssituation: Bilanzierungsbereich, Geschäftsumfeld, Vision, Strategie und/oder
52.3
Analyse Geschäftsmodell und/oder
52.4
Analyse Intellektuelles Kapital und/oder

52.5
Detaillierte Auswertungen (Stärken, Schwächen, Potenziale, Wirkungsbeziehungen) und/oder

52.6
Maßnahmenübersicht (wo müssen wir etwas tun ? was tun wir bereits und was hat es uns gebracht ?) und/oder

52.7
Maßnahmenstatus (Darstellung der Einflussfaktoren und Indikatoren mit Soll-Werten, die der jeweiligen Maßnahme zugeordnet sind) und/oder

52.8
Ausblick mit Zusammenfassung der eingeleiteten Maßnahmen und/oder

52.9
Indikatorenübersicht mit Auflistung ihrer Attribute

53.
Management-Summary: Der als detailliertes Arbeitsprogramm mit ca. 500 Einzelschritten aufgezeigte Weg ist nicht immer nur einfach, sondern kann an manchen Stellen durchaus auch steil und steinig sein. Wird er konsequent beschritten, führt er jedoch mit hoher Erfolgssicherheit zu einem wertvollen Kommunikations-, Berichts- und Management-Instrument, das zuerst immer auch für das Unternehmen selbst einen Zuwachs an Erkenntnis und fundierten Entscheidungsgrundlagen garantieren kann.

Das vorgestellte Arbeitsprogramm hat den Anspruch, möglichst umfassend zu sein und dabei gleichzeitig einen hohen Detaillierungsgrad (optimale Anpassungsfähigkeit an individuelle Gegebenheiten) zu ermöglichen. Damit erhält der Anwender gestaltungsfeldübergreifende Hinweise zur möglichst erfolgsbezogenen Nutzung seiner immateriellen Vermögenswerte.

Um das Arbeitsprogramm sinnvoll zu implementieren, muss das Intellektuelle Kapital für jedes Unternehmen individuell und aus unterschiedlicher Blickrichtung eingeschätzt und bilanziert werden. Das vorgestellte Modell ersetzt keine detaillierte Analyse der jeweiligen Unternehmensbereiche, sondern will Hinweise geben, die in einem (hoffentlich folgenden) Bilanzierungsprojekt als Anregung genutzt werden können. Auch sollte untersucht werden, wie sich die Wissensbilanz in das übrige Berichts- und Controllinginstrumentarium (z.B. Business- und Marketingpläne, Geschäftsbericht) einfügt.

Management- und Kommunikationsprozesse mit Wissensbilanz durch Verknüpfung plus Ausgewogenheit: dabei sind einzelne Komponenten der Wissensbilanz zunächst nichts grundlegend Neues. Die eigentlich neue Managementmethode auf der Basis von Wissensbilanzen entfaltet sich erst aus der Verknüpfung verschiedener Management- und Planungsperspektiven sowie aus der Fähigkeit zur Ingangsetzung und Förderung von strategischen Kommunikationsprozessen. Dies drückt sich aus: in der Darstellung des Unternehmens, wie hierbei die ganze Komplexität des Betriebsgeschehens erfasst und transparent auf die entscheidungsrelevanten Aspekte komprimiert wird, wie Visionen und die daraus abgeleiteten strategischen Ziele messbar gemacht werden, und wie diese strategischen Ziele kommuniziert und im Unternehmensalltag des Budgets verankert werden. Nur umgesetzte Strategien entfalten Wirkung: Probleme bei der Umsetzung von Strategien können nicht zuletzt auch dadurch entstehen, dass eine Strategie so unklar formuliert ist, dass die für die Umsetzung Verantwortlichen nicht immer genau wissen, was überhaupt umgesetzt werden soll. Damit eine Strategie die durch sie erwünschten und erhofften Veränderungen aber überhaupt auslösen kann, muss sie auch nachvollziehbar an diejenigen kommuniziert werden, die sie umsetzen müssen. Eine geeignete Kommunikationsplattform hierfür ist eine Wissensbilanz.

www.ingramcontent.com/pod-product-compliance
Lightning Source LLC
Chambersburg PA
CBHW071039240526
45469CB00006BD/2262